BÜZZ

© 2020 Buzz Editora

Publisher ANDERSON CAVALCANTE
Editoras SIMONE PAULINO, LUISA DE MELLO
Assistente editorial JOÃO LUCAS Z. KOSCE
Projeto gráfico ESTÚDIO GRIFO
Assistente de design FELIPE REGIS
Revisão ANTONIO CASTRO, VANESSA ALMEIDA

Imagem de capa LUIZ CHIBÉ

Dados Internacionais de Catalogação na Publicação (CIP)
de acordo com o ISBD

C525f
Chesther, Rick
A favela venceu: de um povo heroico o brado retumbante /
Rick Chesther
São Paulo: Buzz Editora, 2020
168 pp.

ISBN 978-65-86077-00-1

1. Autoajuda 2. Superação 3. Sucesso 4. Felicidade 5. Favela
6. Periferia 7. Comunidade 8. Rick Chesther I. Título.

2020-742   CDD-158.1 / CDU-159.947

Elaborado por Vagner Rodolfo da Silva, CRB-8/9410
Índice para catálogo sistemático:
1. Autoajuda 158.1
2. Autoajuda 159.947

Todos os direitos reservados à:
Buzz Editora Ltda.
Av. Paulista, 726 – mezanino
CEP: 01310-100 São Paulo, SP

[55 11] 4171 2317
[55 11] 4171 2318
contato@buzzeditora.com.br
www.buzzeditora.com.br

RICK CHESTHER
A FAVELA VENCEU
DE UM POVO HEROICO O BRADO RETUMBANTE

19
PREFÁCIO

23
INTRODUÇÃO

27
A FÉ NÃO COSTUMA FAIÁ

35
ABAIXO DE DEUS, A FAMÍLIA

51
O DOAR DESBLOQUEIA
O RECEBER

59
A FAVELA VISTA PELO
OLHAR DE DENTRO

69
FAVELA: A FACULDADE DA VIDA

81
SEJA A ESTAÇÃO TERMINAL

89
O QUE TEM PRA HOJE

97
FAZER COM É MELHOR DO QUE FAZER PARA

103
A FAVELA CONTRA A GLAMOURIZAÇÃO DO SOFRIMENTO

111
A FAVELA EMPREENDEDORA

119
SEM EDUCAÇÃO FINANCEIRA, SEM CHANCE

127
A CULTURA DA FAVELA NOS ENSINA: SUCESSO NÃO É O QUE VOCÊ COLHE, É O QUE VOCÊ PLANTA

137
MULHER, MÃE E EMPREENDEDORA: A VERDADEIRA HEROÍNA

143
O GRITO DOS INVISÍVEIS

149
QUE FARDO É ESSE?

155
A NOSSA VITÓRIA E O EXEMPLO QUE DEIXAMOS

167
AGRADECIMENTOS

ÁGUIA RECONHECE ÁGUIA.

NINGUÉM MELHOR DO QUE QUEM PASSOU FOME PARA FALAR DE FOME; QUEM SOFREU PARA FALAR DE SOFRIMENTO E QUEM SUPEROU PARA FALAR DE SUPERAÇÃO.

VENCER TEM A VER COM TRÊS PRINCÍPIOS BÁSICOS: DECISÃO, RENÚNCIA E OBEDIÊNCIA. PRIMEIRO VOCÊ DECIDE QUE VAI DAR CERTO; DEPOIS VOCÊ RENUNCIA DO NECESSÁRIO PARA TAL E, POR FIM, VOCÊ OBEDECE A SUA DECISÃO E A SUA RENÚNCIA.

SER FELIZ É VER O OUTRO FELIZ E SE ALEGRAR COM AQUELA FELICIDADE. AGORA, SE A FELICIDADE ALHEIA LHE CAUSA INQUIETAÇÃO, BUSQUE SE TRATAR, POIS ISSO É DOENÇA.

*Dedico esta obra aos que lutaram
pela favela no passado,
aos que fazem isso no presente
e aos que o farão no futuro.*

PREFÁCIO

Rick, dessa vez, eu me surpreendi, porque hoje você conhece pessoas de muita relevância e mesmo assim veio até a minha casa me convidar para fazer seu prefácio. Lembro-me de 2006, quando lhe mostrei um versículo bíblico e você me disse: "Cláudio, eu recebo esse versículo e levarei comigo para o restante dos meus dias". Depois você mandou fazer algumas camisas e estampou nelas o versículo 1 Pedro 5:6: "Humilhai-vos, pois, debaixo da potente mão de Deus, para que, a seu tempo, vos exalte". E você esperou, meu amigo. Foi humilhado por muitos e suportou a dor crendo na vitória, até que chegasse o seu tempo de ser exaltado. Deus foi providencial ao escolher você e prepará-lo para este momento.

Mesmo estando aqui, no meio do caos da comunidade, a coisa mais comum era ver você lendo, falando de assuntos que quase ninguém falava, vendo coisas com um jeito que é só seu. Isso sem contar a quantidade de pessoas que você ajudou na comunidade, muito antes de ser conhecido. Pode ir de um canto a outro nesta comunidade e ninguém vai poder dizer que você ficava em grupinhos pelas ruas. Nas noitadas, ninguém aqui jamais viu você fazendo uso de algo que fosse ilegal, muito menos indicando isso pra alguém. Você, assim como eu, cresceu com muitos que escolheram outros caminhos e isso nunca atraiu seu olhar. Você, que em cada canto desta comunidade é conhecido por todos, que anda de cabeça erguida por onde vai.

Você, que viveu mais de 20 anos aqui, como uma referência, e que hoje o é para tantos outros mundo afora. Você não deixou de ser um cidadão daqui, mas agora é também um cidadão do mundo. Nasceu pra isso.

Para muitos que não te conheciam, pode até causar surpresa o sucesso que se tornou, mas para nós aqui da comunidade, não é. Sempre soubemos do seu potencial. Foi você que organizou as maiores atividades deste lugar. A cultura daqui tem a sua assinatura. Aqui tem rua asfaltada por suas lutas, e centenas dos nossos jovens conhecem vários estados porque você os levou. Quantos jovens você conseguiu encaminhar para emprego, quantas famílias você amparava. Nossa pracinha da fé jamais foi e talvez jamais volte a ser a mesma sem sua presença pra organizar as coisas. Me emociono ainda mais por ser eu o convidado para escrever estas palavras, mas se sair de casa em casa da comunidade, qualquer um que conviveu com você falaria de coração aberto e assinaria embaixo de tudo que eu disse.

Hoje em dia, quando te vemos nos comerciais, nos programas de televisão, nas rádios, nas revistas, nos jornais, nas telas de nossos celulares, em outdoors e em tantos outros locais, vibramos muito. Junto com cada imagem, vem a alegria de saber que ali está nosso menino de ouro, aquele que estudou aqui, na mesma escola que todos nós, que andou pelas mesmas ruas e becos, que passou pelas mesmas dificuldades e que despontou para representar cada pessoa que aqui vive. Muito obrigado por me dar a honra de participar deste momento. Eu jamais vou me esquecer desta data, 21/03/2020, o dia que você veio provar que vencer não é apenas seguir em frente, mas sim seguir em frente sem esquecer de onde veio e dos que te acompanharam nas lutas da época do anonimato. Parabéns pelo nome escolhido para o livro, pois este seu ato diz muito sobre isso. Não foi você que venceu, amigo, foi a comunidade. Aliás, foram as comunidades do Brasil, foi um filho dessas comunidades, foi alguém que representa essa gente, foi o povo da periferia.

Essa vitória é de todos nós.

A favela venceu.

Cláudio Alberto Duarte
Morador da comunidade do Bonsucesso no Barreiro de Cima
Belo Horizonte, MG

INTRODUÇÃO

"Favela", "morro", "comunidade", "aglomerado", "complexo", "periferia", "quebrada". Você já deve ter ouvido essas palavras. São nomes que as pessoas dão para aquele lugar onde se vive com pouco recurso, onde, em muitos casos, não se tem o básico.

É ali que vivem as pessoas que se viram como podem pra terminar o dia com dignidade e colocar comida na mesa, tomar um banho e vestir uma roupa limpa. Que atravessam fronteiras e obstáculos inimagináveis enquanto o resto do mundo toma café da manhã e assiste ao noticiário que diz que tá tendo ação da polícia na favela. E, nesse momento, muita gente pensa que dentro de favela só tem bandido. Que ali só tem coisa ruim e que além de perigoso, o convívio com esse povo não é nada bom.

Uma coisa eu posso te garantir: vivi 20 anos da minha vida na condição de favelado. Apesar de eu ter nascido em Pitangui, Minas Gerais, me mudei bem cedo para Bonsucesso, um bairro que fica na periferia da região do Barreiro de Cima, em Belo Horizonte. Bem longe do sucesso. Dali me mudei para a Favela da Ventosa, na região Oeste da capital mineira.

E eu posso dizer com orgulho que a favela tem muito a ensinar pra você. O ambiente da comunidade é mais complexo do que muita gente imagina, e quem vê ou retrata a favela de fora, nem em sonho acredita nos milagres, na generosidade, no progresso, na humanidade, na força e na lealdade desse povo que não foge um minuto da luta.

Nesse período todo em que eu vivi na favela, sempre tentei enxergar aquele ambiente de uma outra maneira. Eu entendia a essência da favela e por que as pessoas estavam sempre alegres, unidas, fortes pra luta, cheias de esperança e com brilho nos olhos, mesmo quando a vida escancarava diante da gente tanta injustiça.

Na casa do seu Seci, que era um barracão de favela com três cômodos e um banheiro, testemunhei mais humanidade do que vi em qualquer outro lugar na minha vida. Mesmo hoje, viajando pra todo canto do Brasil e do mundo, vendo a vida de um outro ângulo, ainda conservo dentro de mim a raiz e a essência de quem aprendeu na tora o que fazer para levar comida pra mesa e andar na rua de cabeça erguida.

Depois de tanto conviver com essa gente, eu posso dizer de boca cheia: a ampla maioria dos moradores de favela é composta por gente de bem, que dia a dia desce por essas ladeiras do país para lutar de maneira digna, comendo do suor do próprio rosto. Gente de luz, de muita garra, de muita fé.

Por isso eu peço que você, se estiver de salto alto, desça do salto, e se estiver com o vidro do carro fechado, abra esse vidro.

Se desmonta de qualquer preconceito que tiver e escuta esse neguinho que tá te dizendo, com muita atenção: todos nós temos muito a aprender com a favela. A dificuldade que as pessoas de outras classes sociais acham que é a maior crise da história, a favela vence desde que nasceu. O choro da perda que o rico lastima quando vê o dinheiro sumir de cena, a favela vence desde cedo. O medo de não ter nada, que faz gente tentar se matar, a favela venceu.

A favela venceu todos os medos, todas as crises. A favela não só venceu como dá aula do que é empreender, do que é fazer um corre de verdade quando não tem nenhum vento soprando a favor. Penso até que o "empreendedorismo raiz" nasceu dentro das favelas. Ter que levar um filho na escola, preparar marmita pro outro, pegar três conduções pro trabalho, pra chegar de noite de coração aliviado porque tá todo mundo vivo e tem feijão suficiente pra chamar a vizinha e comer junto.

A favela vence preconceito, vence inatividade, vence tragédia.

Vence a cada manhã quando acorda e comemora cada dia que vai se deitar. Porque cada dia na luta é uma vitória.

Portanto, se prepare, porque agora você vai ver coisa que não conhece. Eu vou trazer o outro viés da favela. Vou te mostrar a favela que venceu. A favela empreendedora, a favela cultural, a favela religiosa, a favela multirracial, a favela livre, a favela cartão-postal e tantas outras.

O motivo que eu tenho pra abordar tudo isso é simples: eu cresci ouvindo a galera dizer que favela só tem traficante, vendo reportagem sobre a violência que impera ali dentro, e isso só fez com que a discriminação das pessoas com o favelado crescesse.

Só que ninguém tem que ter vergonha de ser cria ou ser criado em favela.

Porque a favela não apenas venceu, como está crescendo e virando um grito. Não posso mais ser conivente com a imagem da favela feia, uma favela esquecida, uma favela discriminada.

Chega de passar de carro blindado em frente à favela e fechar os vidros quando o único trajeto possível é aquele.

Chega de olhar pra favela como lixo, como resto, como subúrbio.

Não dá mais para aceitar essa generalização da favela como sendo um lugar de apenas tragédias. E foi exatamente depois de passar por um processo de provar o contrário, por meio de minha própria história, que resolvi falar sobre a favela que não foi mostrada, ou que quase não foi mostrada. Portanto, apertem os cintos e embarquem nessa viagem.

Senhores passageiros, lhes apresento Os Outros 99%.

A favela que venceu.

PORQUE A FAVELA NÃO APENAS VENCEU, COMO ESTÁ CRESCENDO E VIRANDO UM GRITO.

A FÉ NÃO COSTUMA FAIÁ

Favela e fé são quase sinônimos. Porque eu não lembro de nenhum lugar no mundo onde o povo brasileiro mais cultiva a sua fé. A fé raiz, a fé que acredita, a fé que move montanhas, que dá força, que vê milagre acontecendo e mostra que tudo é possível naquele lugar. E a favela pode estar no morro ou perto da sua casa. Não importa, a energia dela é diferente de qualquer outro lugar.

Não dá pra falar da favela sem logo de cara abordar a fé dessa gente. Pense em um lugar onde o povo tem fé! E quando eu falo de fé não estou falando de religião, até porque religião é algo íntimo de cada um, por isso deve-se respeitar a fé do outro sem julgamentos.

Na favela, fé pode ser acreditar, ter esperança ou simplesmente rezar pra nada acontecer. Na favela, o nome de Deus é falado das mais diferentes formas. Ali, em uma única rua, beco ou viela, é possível ter, por exemplo, uma igreja evangélica que fica bem ao lado de um centro espírita, e esses dois podem estar bem na frente de uma igreja católica ou um templo de testemunhas de Jeová.

Isso faz com que o pastor tenha que aprender a conviver com a mãe de santo, e esse exercício de respeito também é praticado pelo padre que convive com o protestante. E por aí vai.

Aqui aprendemos que a parte mais bela da fé não é a religião que comungamos, mas sim o respeito que temos pela fé alheia.

A regra é bem simples: eu respeito o seu axé e você respeita o meu amém. Simples assim. Só que mesmo quem não quer frequentar lugar nenhum ou seguir um dogma qualquer, tem sua fé na vida, acima de qualquer coisa.

Aqui aprendemos a ver Deus em tudo e em todo lugar. Aprendemos que Deus pode estar no empresário lá do asfalto que pratica o bem no seu dia a dia, e que nada impede que esse mesmo Deus esteja em um simples catador de papelão que sorri para a criança que está indo pra escola, ou até mesmo em um morador de rua que dorme embaixo de uma marquise ao lado de um cachorro magro vira-lata, que mesmo vendo a dor daquele pobre homem, não o abandona, demonstrando ali uma atitude semelhante à que os discípulos tinham por Jesus.

É no morro onde se aprende que a fé é tão pessoal que algumas pessoas têm a sua sem estar dentro dessa ou daquela religião, desse ou daquele templo. Da fé feita de verdade, por gente de verdade. Gente que sonha, que samba, que ri, que brinca, que chora. Tudo na mesma intensidade e frequência. Que sabe que a vida não espera e que o tempo de uma oração é o tempo certo de abaixar a cabeça e fechar os olhos pra sentir o coração bater e fazer força pra não pensar em nada de ruim que pode cair sobre a própria cabeça.

Muitos ali manifestam sua fé de forma bem discreta, fazendo seus ritos recolhidos em seu mais íntimo canto, sozinhos, somente com Deus.

Só que em alguns momentos, quando o medo bate forte e o primeiro tiro de fuzil é ouvido, ninguém mais tem religião. A favela inteira apenas pede com muita fé que aquilo passe logo. Pede com fé que não haja derramamento de sangue. O morro se transforma em um templo gigante e todos clamam juntos. É aquela fé em que um pede pelo filho do outro, que pensa onde está a vizinha, que imagina se o pai de família chegou em casa e se o sobrinho já saiu da escola. É a fé que enxerga de olho fechado e acompanha o passo de cada um, como se cobrisse com um manto quem está desprotegido.

Ao final daquele confronto, portas e janelas vão se abrindo uma a uma, e fica o tempo em suspense. Ninguém sabe o que rolou ali fora, só torce pra estar tudo bem. Até que, de repente, alguém grita bem alto num pedido de socorro:

– Gente! Pelo amor de Deus alguém socorre aquele jovem que foi atingido!

E, ao ouvir aquilo, mais uma vez a fé se mostra em cada mãe que sai correndo agoniada em direção ao corpo no chão, dezenas delas pedindo a Deus que não seja o seu filho. E quando chegam perto quase todas se acalmam e agradecem dizendo:

– Obrigado, Senhor! Não é meu filho.

Mas eu disse quase todas, pois uma delas cai sobre o corpo e olha para o céu se perguntando àquele mesmo Deus o porquê daquela tragédia se abater sobre sua cabeça. Por que ela teve que viver aquela cena tão traumática de ver sua cria ali, morta, estendida em um beco. Não é uma vida justa, ela sabe, mas rezava todo dia pra não ter tanto medo de tiro, pra não ter tanto medo de confronto e, principalmente, pro filho chegar em casa a salvo toda vez que saía porta afora.

Se ele foi atingido, não é porque a fé falhou. Foi o sistema que falhou. Mesmo assim, ela sente o coração rasgar, que nem Maria quando estava aos pés da cruz, vendo Jesus ser injustamente crucificado.

Ali choram Marias e Clarices. Choram todas aquelas que se compadecem com a dor do outro. Elas choram pra pedir conforto.

Choram porque sabem que aquele menino não estava perdido. Porque sabem que aquela mãe vai ficar marcada pela dor, e porque ninguém nunca mais vai esquecer daquela oração feita antes de dormir, que pedia para que Deus protegesse aquele morro.

É com essa mesma fé que a mãe de um detento levanta de madrugada, pega um ônibus lotado onde quase não consegue respirar, vai para a fila de um presídio qualquer, e passa por toda a humilhação de ter que se despir na frente de uma policial e se agachar nua. Mas ela segue em frente, segue com fé e, ao entrar no pátio, se emociona ao ver seu filho ali encarcerado. Ela não condena, não julga. É amor de mãe que só perdoa e sente falta da cria.

Na bolsa, ela leva uma Bíblia sagrada que deixa na penitenciária, e antes de ir embora, vê o filho abrindo a palavra de Deus e lendo um versículo. Diante disso ela chora mais uma vez, pois por um milésimo de segundo vê luz naquele condenado, e isso alivia por um instante seu coração.

É essa força chamada fé que leva uma outra mãe a ir para um hospital público e ficar ali durante horas, talvez dias, e voltar quantas vezes for necessário, para tentar uma consulta para o filho que nasceu com uma doença difícil de ser curada. Mas esse "difícil" não consegue se sobrepor à fé daquela mãe, e enquanto houver 1% de chance, ela irá tentar, irá seguir, irá lutar. Eu preciso dizer que, apesar de tudo, apesar dos pesares, apesar de tanta dor, de tanta dificuldade, de tanta luta e de tanto sofrimento, muitas vezes ela consegue. Consegue porque essa fé não a deixa desistir, e mesmo quando perde tudo, ainda diz: persista!

Essa mesma fé faz com que um professor de uma escola de comunidade acorde pela manhã, tome um café aguado ou até parta em jejum, para lecionar com brilho no olhar, numa sala de aula com pouquíssima estrutura, lousa danificada, vidros quebrados. Lugar feito de descaso e de abandono.

Só que ele tem fé na comunidade, fé na criança, fé no jovem e fé na educação. E, por isso, não desiste. Ensina e aprende todo dia. Pede força pra Deus e se coloca ali diante de todo mundo, dando a cara pra bater e pedindo orientação para que as suas palavras levem esperança pro futuro daquela gente.

Cara! A profissão de professor no Brasil, e o professor que leciona em comunidades neste país, é um dos mais belos testemunhos de fé que conheço, pois apesar de todo o descaso que a educação sofre no Brasil, esse professor acorda todos os dias e vai.

O professor dá asas aos sonhos desses jovens, alimenta neles uma fé inabalável e os faz ter uma perspectiva de futuro, um horizonte, um destino diferente. É a fé, acima das religiões, aflorando em todo tipo de situação.

Ah, a fé.

E sem fé esse povo não anda.

É a fé que faz a Dona Maria acordar às cinco da manhã pra pegar um ônibus lotado e outras duas conduções pra chegar ao trabalho, porque ela acredita que um dia poderá dar ao filho aquilo que não teve. E talvez ela não dê bens materiais, mas o encha de orgulho. E enche a boca pra dizer: "Filho meu vai pra escola e brinca feito criança".

É a fé que faz o seu Zé abrir a porta da barbearia e criar novos riscos nas cabeças dos meninos que passam por ali, porque ele tem fé que aquela molecada vai sair daquela vida com dignidade, peito erguido e com histórias pra contar.

A fé na favela é muito diferente da fé de tantos outros lugares. É uma fé necessária. Sem essa fé, não é possível sequer abrir os olhos.

Essa gente sai de casa sem saber se vai poder voltar. Essa gente sai rezando pra não ser abordada em uma batida policial ao ser confundido com bandido. Sim, meus amigos. Se você faz o trajeto da sua casa até seu trabalho sem levar enquadro, é porque tem privilégio, porque infelizmente a cor da pele geralmente é o que determina se aquele comando vai parar alguém ou não.

Se você tiver sorte e não levar porrada, segue em frente e chega no destino final.

Quem é cria ou criado de favela tem fé que vai conseguir vencer o dia e trazer comida pra casa, sonhar um sonho qualquer, imaginar uma vida nova.

Dia após dia, a favela amanhece de um jeito diferente. Às vezes digo que a favela é como Deus, que até sabe que anoiteceu, mas que nunca dorme.

Quem vive na favela, quem veio da favela, quem tem a cultura da favela, sabe que é preciso ter fé desde bem pequeno. Quis o destino que a maioria das favelas estivessem em morros, penso até que isso foi uma ajuda de Deus. Pois assim ficamos mais altos, mais perto das estrelas.

Assim, quando estamos sentados no escadão e a noite cai, a gente olha para essas estrelas e nos permitimos sonhar com o mundo melhor, sonhar com o dia em que poderemos dar alguma coisa pra nossa mãe. E sonhar é ter fé, até porque quando a molecada se reúne à noite no escadão, cada um se deita em um degrau e ficam todos olhando pra cima e perguntando um para o outro:

– Fulano, quanto tu crescer o que vai querer ser?

E todas as respostas trazem a fé logo no início.

Ali se ouvem coisas como:

– Se Deus quiser, eu vou ser jogador de futebol.

– Se Deus quiser, eu vou montar minha banda.

– Se Deus quiser, eu vou ser doutor.

– Se Deus quiser, eu vou ter um carrão.

Se Deus quiser, se Deus quiser, se Deus quiser...

E Ele sempre quer, porque a gente pode tirar tudo de uma pessoa, mas não pode tirar a fé.

A fé não é algo palpável, não é algo que você pode chegar e levar para alguém. A fé é imaterial. É a fé que alimenta os sonhos, porque não tem sonho que fica de pé se o cara não tem a fé pra se apoiar. E acho que é por isso que a gente vê tanto favelado vencendo, gente saindo de baixo e criando coisa nova. Porque quem nasce em berço de ouro quase sempre ganha tudo de mão beijada. E aí eu lhe pergunto:

Você já viu alguém valorizar alguma coisa que veio de mão beijada? Se viu, por favor me conte, porque eu ainda não vi. Até porque, coisa de mão beijada elimina aquela lindeza da garotada da favela que é o "se Deus quiser", e se elimina o "se Deus quiser", elimina junto a fé, se vem sem Deus, vem sem fé, e se vem sem fé, vem sem valor. Logo, não se valoriza, veio fácil e vai mais fácil ainda.

Quem sai de onde eu venho, quem conhece a realidade do povo brasileiro, não deixa a fé de lado. Não pode se dar ao luxo de sair sem uma crença forte de que as coisas podem mudar. É isso que move o povo da periferia, a fé!

É a fé que nos ensina que só aprende a se levantar quem cai. É a fé que nos ensina que só se aprende sobre sofrimento quem de fato sofreu. É a fé que nos mostra que só aprende sobre fome quem já não teve o que comer. Só se aprende sobre luta quem tem coragem para subir ao ringue, quem toma porrada, quem até perde inúmeras batalhas, mas que sempre segue firme, segue todo machucado, mas segue. Segue para a próxima batalha cheio de fé, corrigindo os erros cometidos nas batalhas anteriores até que se aprenda a vencer, e aí sim, ergue o troféu. E quando isso acontece, ahhhh, é lindo! Mais uma vez a fé aflora, lágrimas caem, se olha para os céus, se dobra os joelhos e se diz:

– Obrigado, Deus!

É A FÉ QUE NOS ENSINA QUE SÓ APRENDE A SE LEVANTAR QUEM CAI. É A FÉ QUE NOS ENSINA QUE SÓ SE APRENDE SOBRE SOFRIMENTO QUEM DE FATO SOFREU. É A FÉ QUE NOS MOSTRA QUE SÓ APRENDE SOBRE FOME QUEM JÁ NÃO TEVE O QUE COMER.

ABAIXO DE DEUS, A FAMÍLIA

– Se por ventura eu não voltar, vocês têm que saber duas coisas: identifique o seu dom e pratique esse dom pelo resto de seus dias na Terra. E pratique sempre o conhecimento que for adquirido.

Essas eram as palavras do seu Roxo, meu pai, que saía pra trabalhar por conta desde que eu me conheço por gente. Na época não tinha essa de ir de avião, e mesmo assim ele viajava por todo o Brasil nessas longas BR's da vida, de ônibus, de carona, e sempre nos preparando para a sua ausência. A vida inteira ele pensou em preparar os filhos para se virar sem ele, pois se ele faltasse teríamos que estar prontos para seguir.

É por essas e outras que a minha formação de caráter se deve aos meus pais. Pessoas comprometidas com valores. Comprometidas em criar filhos como nós.

Crescemos sabendo que pai e mãe eram figuras sagradas, que esses laços se constroem com respeito e admiração. E é justamente por isso que logo depois de falar da fé de nossa gente eu preciso falar da família, do lar, da forma periférica de criar e educar os seus.

Eu confesso a você que, na minha concepção, fé e família estão entrelaçados, andando juntos, e por isso neste livro também faço questão de trazer os dois colados um ao outro, tudo junto e misturado.

E assim como a fé, na periferia temos um jeito peculiar de conviver em família, jeito este que talvez seja só nosso. É o jeito que você vai entender muito do que a favela tem a ensinar pra todas as classes, porque a união, o "tamo junto" de verdade, nasceu na favela e vem marcando território a cada dia.

A primeira coisa que determina que a família seja nosso termo mais comum é o espaço. Na favela não tem mansões de mil metros quadrados. Em sua ampla maioria, os barracos não chegam a cinquenta metros quadrados. Logo, não tem alternativa: a Dona Lucia cozinha o jantar e sabe se a vizinha tá namorando ou assistindo novela. O tio Zé chega em casa e não se ofende com o outro ouvindo um funk ao mesmo tempo que a esposa reza o terço. É família que segue junta, mas que se respeita acima de qualquer coisa.

Porque onde a gente vive, não tem como ter privacidade. É tudo muito compacto, é tudo muito apertado e é justamente daí que surgiu o termo "tudo junto e misturado". Às vezes, os cômodos são divididos apenas por um lençol, a cozinha fica em um pequeno corredor, quando cai a noite a sala vira quarto, irmãos dormindo no mesmo colchonete, um com o pé na cabeça do outro. Crescemos com todos os membros da casa tomando banho com o mesmo sabonete, se enxugando na mesma toalha. E ninguém reclama do cheiro do outro.

Achou pesado, né? É, mermão, aqui a turma luta com as armas que tem e ponto-final. E fazemos isso com alegria, com verdade, com fé e, é claro, com a certeza de que se tudo já parecia difícil, uma condição precária, a coisa podia ser pior. O que nos faz entender disso é que a gente sabe que quando tá todo mundo junto, o mundo lá fora pode estar desabando, mas a gente se fortalece.

Lembro como se fosse hoje o dia em que um grupo de estudiosos do exterior veio visitar a periferia. Eles entraram em uns trinta barracos, fotografando e filmando tudo, todos eles com cara de espanto. Em um dos barracos que entraram, uma doninha na maior humildade perguntou o porquê de estarem tão espantados.

Foi aí que um deles disse que eles estavam tentando entender como em seu país eles moravam em casas tão grandes, com tanta fartura, e não conseguiam ouvir tantas risadas espaçadas, tantos gritos de alegria, tanto axé, tanta música, tanta felicidade escancarada, mesmo com tão pouco.

Só que o espanto desse gringo tem razão de ser: como a gente explica que uma família briga e entra em harmonia no minuto seguinte, porque sabe que na hora do perrengue é a mãe que tá ali, fazendo milagre para as coisas darem certo? Como ficar triste sabendo que teu irmão de sangue tá feliz com o novo corte de cabelo, conseguiu fazer seu corre fora do morro e trazer diploma pra casa? Como ficar triste quando se vê que tem uma cantora famosa usando o mesmo cabelo que ela, que sempre se viu tão diferente? Cantando a sua música, levando sua cultura pro mundo? Como ficar triste quando se reza, quando se samba, quando se acorda sabendo que não tem alternativa? É preciso sair à luta, porque a vida não espera você estar de bom humor. Ela te atropela. Ou te levanta. E mesmo quando ela te atropela, o que é uma constante, você agradece por não ter morrido com o tombo, levanta e segue em frente.

Essa é a mágica da união numa favela. E isso é simples para quem ali vive, porque na periferia se vive o simples. Se vive o pouco. Se vive.

Na favela, as pessoas valorizam os laços, a família, e por mais que a casa esteja longe de ser parecida com a da novela, é ali que se mora, e temos orgulho de nos espremer num sofá pequeno pra ver televisão, fazer um estudo bíblico ou coisa do tipo.

Na periferia, o fato de não termos tanta condição nos levou a ser peritos em enxergar coisas que nos satisfazem em meio ao nada, e aí percebemos que dinheiro nenhum pode comprar a maioria delas. Essa perícia nos fez entender o valor que tem a família, um valor impagável, incondicional e incomparável. Com isso, preservamos hábitos e costumes cada vez mais raros, como tomar a bênção dos mais velhos todos os dias ao amanhecer e ao anoitecer. Esse gesto mostra família e fé caminhando juntas, mostra respeito, mostra humildade. Afinal, quando se pede a bênção, ela sempre vem seguida de um: "Deus lhe abençoe" e isso sempre nos conduz ao Onipotente.

Na periferia, o dinheiro é sempre contado, não dá pra sair criando mais despesas. Isso faz com que uma mãe se levante duas horas mais cedo, limpe a casa, faça café da manhã, providencie uma merenda e apronte o filho para levá-lo pra escola antes de seguir para o trabalho. Não dá pra pagar uma van ou uma condução a mais. Tem que ser tudo no mesmo caminho da roça.

Só que, na volta, nem sempre é possível chegar a tempo de pegar o filho. Aí não dá pra pagar uma babá que olhe a criança. Essa mãe confia na tia, na professora que tá na sala de aula, de quem ficou mais próxima. Essa mulher sabe da correria dessa mãe e entende o seu lado. Já passou por isso, mas os filhos estão criados, então ela às vezes leva a criança pra própria casa ou pra casa de outra tia que estiver no caminho. Tudo isso é feito na base da conversa, do favor, da amizade, da irmandade. Aqui é tudo família.

A mãe da periferia leva e busca filho na escola, e mesmo que nunca tenha ouvido a palavra "propósito", ela não deixa mexerem com a sua cria. "Não rela com ela não", ela diz, com força de quem é leoa e sai pra trabalhar e trazer comida pra casa sem medo de enfrentar seja lá o que for. É essa fé, essa força em nome da família, que movimenta o morro.

O "como" é simples, ele está no propósito.

Se você perguntar pra essas mães e pais da favela o que é "propósito", muitos não terão a menor ideia do que significa essa palavra, até porque na periferia a forma de falar é bem simplificada, isso faz com que muitos desconheçam alguns significados das palavras dadas pelo dicionário. Agora, se você perguntar a essas mesmas mães e pais o que seu filho representa pra cada um, eles dirão o que é propósito.

Na ponta da língua.

Antes de começarem a responder, a lágrima já inundou o olhar, e é bem provável que em 99% dos casos a resposta se aproxime muito disto: "Abaixo de Deus é meu filho", ou "É Deus no Céu e ele na Terra", e por aí vai.

Quando chega o fim de semana, as férias ou coisa do tipo, mais uma vez os roteiros da ampla maioria são bem dentro da linha do propósito.

Se perguntar pra garotada onde ela quer passar as férias, eles vão dizer, com sorriso largo, que querem passar as férias na casa da avó, do tio, da tia etc. E tá aí outra coisa que quanto menos condição você tem mais você valoriza: casa de vó.

Aqui família aproveita tudo: lata de goiabada vira prato para a garotada, vidro de massa de tomate vira copo, isso sem contar as roupas que não são compradas para todos. Se compra para o mais velho, é certo que ela vai passar de um para o outro até ficar tão desbotada que ninguém mais saiba distinguir a cor.

Em casa de família de periferia, em muitos casos não tem essa de roupa de homem e roupa de mulher. Existe apenas roupa que cobre o corpo e ponto. Nem sei quantas vezes vi os garotos da comunidade usando camiseta de corrida ou de partido.

Camiseta de alguém que doou ou calça que já tá na canela serve pra tudo, porque ostentação é crescer na adolescência e ter sempre roupa do tamanho do corpo.

Todo mundo sabe o tamanho do vizinho e, se serve pra criançada, a roupa já é guardada para aquele fim.

A comida é um capítulo à parte. A regra é comer o que tem e sem questionar. Filho de pais de periferia não chega em casa perguntando o que tem para o almoço, porque se tem alguém no fogão é garantia de que vai ter o que comer. Qualquer cheiro é sinal de que ali vai ter almoço ou refeição. Aqui se come pé de galinha, dobradinha, taioba, fígado, rins, suã, pescoço e mingau de couve.

Aquele tipo de coisa que nem se vende em bairro de bacana, e se vende dão o nome de "rejeitos". Aliás, muito do que se joga fora na classe média, aqui na periferia se come e ainda se lambe os beiços.

Na favela não tem essa de rejeito: aqui uma panela de pé de galinha bem feito às vezes é mais apreciada do que um bife de picanha. Não que desmereçamos a carne nobre, mas é que aqui nobreza mesmo é valorizar o que podemos alcançar.

Para ser mais direto, aqui se come o que tiver na promoção. É natural, por exemplo, ver dois amiguinhos de periferia indo ou voltando da escola, ao passar em frente ao mercado ouvir um dizer para o outro:

– Eeebaaa! Amanhã vou comer suã!

E o coleguinha do lado diz:

– Mas como você sabe que vai comer suã amanhã?

E a resposta do outro é bem simples:

– Olha lá no cartaz da promoção na porta do mercado, a suã tá na promoção!

E, se você não sabe o que é suã, é porque nunca viveu na favela. Suã é o corte que sobra da retirada da costela e do lombo. Quando junto da costela, é chamado de bisteca, mas a suã tem mais osso do que carne. E nem por isso a gente despreza.

Enquanto estou contando isso, me lembrei de uma vez em que ouvi um filho de bacana dizer que tinha nojo de dobradinha e que não comia aquilo nem sob tortura.

Na hora eu pensei: *Ele não come porque desconhece o real significado da palavra "fome", desconhece a dor causada por não ter o que comer, tem nojo de dobradinha porque sempre teve do bom e do melhor...*

E criança criada em favela sabe o que é dor de fome. Sabe que quando a barriga ronca e a mãe não tá em casa, ela tá em algum lugar fazendo um corre pra trazer comida pra mesa. Criança de favela também sabe que vizinho não deixa na mão. Se a mãe do amigo tá fazendo feijão, ela tem sempre prato de comida pra distribuir. O pouco em dois é muito.

Às vezes penso que os pais de crianças que nunca sentiram o que é a "falta" deveriam criar um teste de sobrevivência com seus filhos e deixar que faltassem algumas coisas para eles por um período, ou quem sabe levá-los pra conhecer algumas realidades de outras classes sociais, pra ver se assim, quem sabe, eles possam acordar pra vida.

Mal sabem esses que na periferia nossas famílias nos ensinam desde muito cedo que a palavra "nojo" e a palavra "alimento" não dão liga juntas. Pais e mães de periferia nos ensinam desde muito cedo a não ter nojo de alimento. Não me refiro a não ter nojo de coisa malfeita, mas sim ao nojo de não querer comer uma coisa feita pra ser comida.

Família de favela ensina a ter respeito pelo alimento. A refeição é sagrada. E só o fato de ter alguma coisa na mesa já é uma grande bênção.

As famílias de bacana precisam se ater a esse ensinamento da favela. Alimentação é sagrada, mas lá na casa deles a fartura acaba trazendo a opção de escolha, e a escolha começa a causar rejeição a esse ou àquele alimento só porque se pode comprar outro. Com isso, em muitos casos o fator opção de escolha atrapalha e faz com que eles se deem ao luxo de passar a ter nojo desse ou daquele alimento. Como na favela nós não tivemos opção de escolha e tivemos que aprender a comer de tudo, isso nos fez um bem inenarrável, bem esse que hoje podemos ensinar a todos.

É engraçado como o povo da periferia se difere do resto do mundo nessas coisas.

Tem muito milionário no asfalto fazendo o caminho inverso de tudo isso. Muitos pais no asfalto não acompanham a vida de seus filhos porque estão ocupados demais em busca do próximo negócio promissor, da próxima assinatura de contrato, do próximo milhão.

Saem cedo para seus escritórios e não veem seus filhos, almoçam por lá e não veem seus filhos, depois do horário vão para outra reunião e não veem seus filhos... Quando chegam em casa os filhos já estão dormindo, e no outro dia será a mesma coisa, a mesma busca por números e mais distância ainda de seus filhos.

Quando chegam em casa e a criança tá acordada, eles ainda abrem o computador com as palavras: "Tô ocupado, tenho que resolver isso", e depois não entendem por que o adolescente se tranca no quarto, quer ver seus vídeos e se educar sozinho. Essa criança se apega à cozinheira, à babá, ao motorista, à faxineira, porque não tem o olhar da família presente. Porque sabe que na hora que precisar conversar o pouco que seja, ninguém vai estar ali para escutar.

Lá no asfalto muitos filhos têm mais intimidade e ligação com a babá do que com a mãe, têm muito mais ligação com o motorista da família do que com o pai, e isso se explica por dois fatores muito simples: o primeiro é o tempo de convivência. Esses filhos passam muito mais tempo com empregados do que com os pais, e com isso se criam os laços, já que esse tempo compartilhado é grande. E, com os laços, vem o segundo fator: em sua ampla maioria, esses funcionários de bacanas são oriundos de periferia, e aí que mora o grande diferencial, eles têm em seu DNA a raiz do cuidar, a raiz do termo "família" e batem no peito pra lembrar que laço se constrói com olhar, com amor, com cuidado e com convivência.

Desta forma, tratam todo mundo da maneira como gostariam de ser tratados, porque notam que naqueles filhos existe um vazio que está sendo preenchido por televisão e *video game*. Um vazio que mostra que eles estão nas redes sociais. E aí fica a dica se você não sabe o que acontece nesse momento: eu vi num filme com a Regina Casé, chamado *Que horas ela volta?*, a história de uma empregada que deixa a filha pra cuidar do filho da patroa. E que cuida do filho da patroa com tanto amor que ele a vê com mais carinho do que vê a própria mãe.

É a empregada que sabe o que o menino anda fazendo escondido, seja fumando, seja bebendo, seja usando droga. Mas é ela que educa, ela que mostra o que pode e o que não pode. Ela que revira o quarto dando a entender que ele precisa estudar. Ela se importa. Não quer que ele entre na faculdade pra estampar nas redes sociais, ela quer o bem dele. Ela é família.

Essas crianças e jovens estampam uma visível decepção de não enxergarem mais as figuras paternas e maternas, pois ou eles são totalmente ausentes, ou mesmo quando chegam em casa continuam ao telefone a falar de negócios, empresa, dinheiro. Não se desconectam sequer por um instante para curtir a família ou para dar um abraço no filho.

E aí os empregados acabam muitas vezes fazendo as vezes de pais, e o resultado são laços de profundidade sentimental. Os filhos têm muito mais afeto com os empregados do que com os próprios pais, como no filme.

Existem inclusive relatos nos quais o desligamento de um funcionário causa sérios problemas na família, devido ao grau de ligação constituído entre os filhos dos patrões e esse funcionário. Existem também filhos de patrões que nas férias querem ir pra casa dos funcionários, pois eles sentem o calor humano dessa gente, sentem afeto, sentem proteção, sentem amor. Sentem o abraço de gente de verdade. O olhar olhando nos olhos, a palavra dita com o coração. Isso dinheiro não compra, só a vida que ensina.

Lá no asfalto, muitos pais pensam que apenas dar uma boa mesada para os filhos ou dar o que acreditam ser "do bom e do melhor" resolve, e é aí que muitos se enganam.

Talvez seja por isso que estamos presenciando essa geração sem rumo, conectados e naufragando mais que navegando, ligados muito mais ao externo do que ao ambiente familiar, valorizando muito mais a galera da balada do que os pais, irmãos, primos... a família.

Gente que se encontra com um amigo de balada e tem assunto para um fim de semana inteiro, mas com o pai não sabe o que falar, com a mãe não tem diálogo, com o irmão nem se fala. De comum eles só têm o sangue que corre nas veias, fora isso não existe praticamente laço algum. E tudo isso me leva novamente para o primeiro capítulo, a fé. Essa gente se desprendeu da fé, tem vergonha de citar o nome de Deus e isso diz muito sobre alguém ou sobre um povo. Até porque quando você pensa que consegue ir sozinho acaba sendo deixado pelos demais, não por abandono deles, mas sim por petulância de sua parte.

Hoje eu sei quem tá comigo de verdade, e quem foi criado ou é cria de favela sabe que com gente que temos laços de criação, a gente pode ligar a qualquer hora do dia. Eles estarão comigo lá, se eu estiver comendo uma marmita ou um caviar. Não é gente que vai escolher onde e como quer minha companhia. A companhia basta por si só.

Em outras classes sociais, as pessoas estão cada vez mais isoladas, cada vez mais sozinhas, cada vez mais cinzas, mesmo sem usar terno. E os filhos dessas pessoas estão crescendo buscando amizades virtuais para suprir, ou ao menos tentar suprir, essas ausências. Não entendem a simples diferença entre relacionamentos virtuais e amizade.

O cara que acha que, no jogo de intenções e interesses, o tão falado networking é igual a uma relação, vai cair do cavalo. Porque se você precisar de ajuda numa noite de febre e mal-estar, quem vai fazer sopa e levar na sua casa não é o cara que se diz seu amigo quando posta selfie. Capaz de ninguém nem sentir tua falta. Na favela, se neguinho cai de cama ou precisa de ajuda, tem sempre uma mão amiga, uma alma santa que passa pra ajudar, pra cuidar, pra acolher, pra orar, pra benzer ou pra abraçar. É essa alma que faz esfirra e leva dizendo que fez um pouco a mais porque lembrou que você gostava, ou faz um chá qualquer só pra você se sentir melhor e faz companhia sem dizer nada.

Na favela, é comum as pessoas estarem como família, porque elas precisam contar umas com as outras. Tá todo mundo junto e misturado. Simples assim.

Lá, o problema e a solução são rapidamente espalhados. O cara que perde o barraco tem a união dos seus. Ele sabe que tem com quem contar. Chora um, choram todos, mas se um se alegra, todos se alegram também. Todo mundo dá a mão e se ajuda a crescer.

Essa galera cresceu com a mão dada. Não tem essa de cada um tem seu espaço. A parede do meu barraco é a do seu também, e isso faz com que a gente tenha consciência de que se um for pro buraco, todo mundo vai. Essa é a regra.

O motorista da favela é quem todo dia leva filho do bacana para a escolinha de futebol, pois o pai nunca tem tempo, e esse pai acha que basta ter o dinheiro para pagar a melhor escolinha de futebol e pagar um motorista pra levar o filho que ele já está fazendo a sua parte. Mas o que esse pai não observa é qual a parte dessa história que o dinheiro não pode comprar. E eu vou lhes dizer qual é. É a hora que o filho do bacana faz um golaço e olha para o alambrado e cadê o pai para ele correr, saltar em seus braços e comemorar juntos? E é nessa hora que o motorista entra em cena, pois é ele que está lá na beira do campo, é ele quem dá pulos de alegria quando vê o gol do filho do bacana. Aí o garoto, ao se deparar com aquela euforia, corre para os braços do motorista para ter uma das coisas mais belas do mundo, que o dinheiro jamais pode comprar, que é o abraço da comemoração de um gol na beira do gramado.

Naquele momento o motorista suspira alto, e em silêncio imagina não querer estar na pele do empresário, porque este se orgulha de ter o mundo nas mãos por causa do dinheiro, mas não vê que, para isso, está abrindo mão de coisas como o prazer de comemorar o golaço do filho.

Essas coisas o motorista do bacana dá muito valor, pois tem filho lá na comunidade e jamais abre mão de estar com sua cria no campinho precário de terrão, que nem de longe lembra a escolinha dos filhos de bacana, mas aquele campinho dá de goleada quando as pessoas da família estão ali pra ver o golaço, a falta, a defesa, o pênalti perdido, e tudo mais.

Famílias de comunidade sabem que o dinheiro jamais irá comprar momentos como esse.

Na favela se entende que as ausências não se pagam. Na favela, comemorar sozinho não tem graça, e um chama o outro pra contar as coisas, porque se compartilha tristeza e alegria. Quando é uma briga, vira uma briga de gangue, mas se é velório tá todo mundo lá.

Na favela laço é laço. Ou você tem laço ou não tem.

O favelado sabe que o momento mais rico da vida é a morte, quando em vez de você ouvir um "já foi tarde", você ouve um "vai fazer falta pra caramba".

Favela se une. Se o Rick tá internado, geral se une pra ir ver o Rick.

Na favela é tudo família.

Isso pode ser bem observado se compararmos uma festa e um velório.

Uma festa no asfalto tem muito mais valor e público do que uma festa na periferia, mas no velório esse número se inverte, pois ali é a hora em que sabemos o que valíamos de fato e pra quem valíamos, ali é a hora onde as máscaras caem, ali se entende que quem é de verdade conhece quem é de mentira. E, aí sim, os laços do povo da periferia fazem com que os velórios estejam lotados para o último adeus a um ente da família.

É comum ouvir nessas horas que "esse velório está parecendo festa de bacana, não sei de onde saiu tanta gente". É simples: toda aquela gente veio pelos laços firmados, pela força que tem a família do povo da periferia.

Como disse há pouco, é bem diferente a forma que parte daquela gente do asfalto se comporta em família.

Na periferia família é sagrado, qualquer coisa junta geral, qualquer coisa mesmo! Se é uma festa, é muita gente, se é uma treta é igual, aqui é de fato na alegria ou na tristeza. Família não precisa ser bonita visualmente, mas precisa ser linda espiritualmente. Família precisa ser, de fato, família. Há quem diga: "Mas minha família não me apoia em nada!". E a esse eu digo que na verdade não é que eles não te apoiam em nada, mas sim querem te proteger em tudo. Procure entender isso e favoreça o diálogo. Pode apostar que isso funciona.

Aprendi com meu pai, Velho Roxo, que educação vem de berço familiar. E, no meu caso, foi de berço mesmo, pois na escola eu aprendi o básico, nada além disso. Minha educação veio da família, uma família de periferia constituída por um pedreiro, uma dona de casa e cinco neguinhos do cabelo amarelo. A família Silva, uma família de José e Maria. Isso mesmo! Eu digo que assim como Cristo, eu sou filho de José e Maria e nascido em casebre com pouquíssimos recursos, assim como a maioria dos meus vizinhos, mas com uma fé consistente e uma família espetacular.

Tudo isso me faz acreditar que no que se refere à família, a favela também venceu.

Outro dia um cara me perguntou no Instagram:

– Rick, tenho de tudo, mas minha vida é um eterno vazio. O que faço?

Começamos a conversar e vimos que aquelas pessoas que o rodeavam não eram amigos de verdade. Ele proporcionava as coisas para estas pessoas e elas ficavam por perto. Mas não eram amigos: eram comedores de carniça. E eu sempre digo uma coisa que está no livro *Pega a visão*: aquele que não se fortalece, enfraquece a energia do fortalecido.

Tem muita gente que acha que tem família, mas tá com sobrecarga. Tá com gente sugando, sem contribuir com nada. E isso é diferente do conceito de comunidade. É ter alguém do seu lado que faz um velório estar lotado.

Vou contar uma passagem que vivi com a minha filhota. Essa garota, quando eu estava literalmente na lona, e sem nada a oferecer a ninguém, disse as seguintes palavras, que me levaram a crer que aquele era o conceito de família: "Pai, siga a luta que eu cuido das feridas".

Isso é família. Isso é ter com quem contar. Isso é que realmente não tem preço.

O povo do asfalto quer saber quanto tá ganhando e não olha o que está perdendo pra ganhar aquilo. Eles desprezam todo o tempo que leva para chegar onde tem que chegar. E você pode perder muita coisa, menos a sua essência. Se perder a essência, perde o calor humano e aí você vê que o dinheiro compra o jantar, mas não compra o amigo. Compra a festa, mas não compra o abraço. Compra o remédio, mas não compra a saúde. Compra coisas necessárias, mas as essências o dinheiro não pode comprar. E, quando você se dá conta disso tudo, já perdeu os laços, e quando isso acontece já era, a galera já te vê com desdém.

Você olha o índice de suicídio: galera com dinheiro e tomando antidepressivo... Só que na favela, um copo de leite e um abraço podem ajudar também. Um afago da tia e um colo pra chorar fazem toda a diferença. Ninguém se sente sozinho. Mesmo cheio de problemas a gente tem com quem contar, com quem conversar, com quem dizer "e agora?". Essa é uma lição muito importante pra quem não tá ali dentro. Procure entender que o conceito de "família" de verdade é quem tá contigo na real, quem não te abandona no meio da luta e que fica do seu lado mesmo que tenha um tufão lá fora, porque sabe que é melhor todo mundo na merda junto do que um deixar o navio e todos os outros morrerem ali dentro. Porque sabem que a felicidade só é válida se é compartilhada. No morro, aprendemos que se pode medir a felicidade do outro pela reação que ele tem ao te ver feliz, pois aqui aprendemos que gente feliz de verdade se alegra com a alegria alheia em vez de se entristecer ou ter inveja. Isso é ser família!

Quando se trata de ser família compartilhando felicidade, a favela venceu desde sempre.

E, por falar em compartilhar, a favela dá lição nisso também...

NA FAVELA,
É COMUM AS
PESSOAS ESTAREM
COMO FAMÍLIA,
PORQUE ELAS
PRECISAM
CONTAR UMAS
COM AS OUTRAS.

O DOAR DESBLOQUEIA O RECEBER

Se tem uma coisa que favelado sabe é que seu pouco é tudo que alguém que não tem nada queria ter. Isso quer dizer que ele sabe o que é não ter nada, já passou por isso. E isso não o impede de não compartilhar o pouco que tem.

O cara doa sem ter nada, e a favela dá lição pro mundo no quesito "compartilhar". Não é à toa que o termo "põe mais água no feijão" nasceu ali. Porque se chega filho de vizinho com fome, a criança se farta naquela mesa que tem uma panela cheia sendo servida, mesmo que a intenção daquela mãe fosse fazer comida pra semana, ela prefere dividir o que tem no dia com quem tá de barriga vazia, a guardar pro dia seguinte. Porque ali se aprende que fome se resolve é no hoje, e se pensa no outro como em si mesmo.

Em muitos condomínios fechados, todo mundo chega e quase ninguém se vê, e quando se encontram quase não se cumprimentam, e é capaz de descer no mesmo elevador e dar um bom-dia, boa-tarde ou boa-noite sem te olhar no rosto. Se um passa mal, é capaz de morrer sozinho no próprio apartamento porque não sabe nem o nome do vizinho pra pedir ajuda. As pessoas estão isoladas. Se no noticiário anunciam uma greve de caminhoneiros, por exemplo, as pessoas correm ao supermercado, compram além do que precisam e estocam, sem nem pensar que talvez aquele excesso vai deixar o cara do lado sem. Eles pensam em si e em ninguém mais.

Já na favela, ouve-se falar da mesma greve, mas ninguém terá condição de fazer estoque. Só que essa gente conhece algo chamado "generosidade", e isso faz com que um único miojo sirva três pessoas e um ki-suco faça três litros. Todos dividem um com o outro e seguem a vida. Em outras classes sociais, inverte-se o pensamento: "Estou resolvendo o meu, azar de quem não tem".

Nos anos que vivi e convivi na favela, vi de tudo: sei que quem tem partilha, e nunca temos tão pouco que não dê para compartilhar.

É comum, no morro, você ver uma mãe pedir ao filho pra ir na casa da vizinha e chamar os filhos dela pra comer, porque ela sabe que lá não vai ter almoço, ela sabe que a vizinha tá num perrengue danado e também sabe que, se fosse ela, teria com quem contar. Porque não se nega um prato de comida.

É comum ver alguém que comprou uma camisa nova doar a antiga para outra pessoa, pois ele sabe que aquele ainda não tem condições de comprar também. E isso é o que faz essa turma ser perita em compartilhar. Em querer que o outro tenha aquilo que se tem.

Já vi diversas vezes mulheres que acabaram de ter bebê tirando leite materno e doando para a que tem um filho de colo e não produz leite suficiente pra criança. Ela sabe que o leite artificial é caro e não vê sentido em jogar fora toda a sua produção enquanto o bebê da vizinha passa fome.

Quando acaba o arroz, a mãe chega na janela do barraco e grita sem ter vergonha de sua necessidade e diz:

– Ô fulana, me empresta uma medida de arroz aí, menina. O meu acabou.

E a fulana não pensa duas vezes, já manda logo meio saco de arroz, pois assim dá pra fazer umas três ou quatro refeições, pois ela sabe que a vizinha irá devolver assim que puder, assim como sabe que nada como um dia após o outro dia. Amanhã pode ser ela na mesma situação.

Também é comum você ir abrir um pacote de biscoito, lembrar do filho do vizinho e mandar seu filho bater lá e dar uns dois ou três pra ele. E, enquanto isso, muita criança de classe média desce no *playground* e é capaz de comer um saco de bolacha sozinha sem nem oferecer pro amigo que tá brincando junto. Já vi cena de mãe indo comprar bolacha igual, porque o outro fez passar vontade. E eu não tô falando de passar fome. Tô falando de passar vontade, que é bem diferente. Favela não passa vontade porque se aparece na praia e vê uma criança rica tomando picolé, sabe que a mãe não tem como dar aquilo e nem pede. Mas aquela mesma mãe vai dar um jeito de fazer um sacolé – ou geladinho – pra criança ficar contente e distribuir pros amigos. Pra tudo se dá um jeito na vida de favela.

Se cai um temporal no meio da madrugada e a chuva arranca uma telha de seu barraco, é só bater na porta do vizinho ao lado e pronto! O barraco dele não tem luxo e é bem pequeno, mas se apertar dá pra embolar todo mundo e passar a noite até que o dia amanheça, ou até que o temporal se acalme e o outro possa consertar seu telhado. Agora, se for algo que possa ter conserto rápido, pode apostar que a galera sai de casa e resolve tudo durante a chuva mesmo.

Tudo isso na favela é comum e acontece muito naturalmente, sem forçar, e por isso essa doação é tão linda de se ver.

Compartilhar é uma lição que a favela dá desde sempre. Poder contar com quem tá do lado mesmo sem nada a oferecer, ou poder oferecer o que se tem, sabendo que se pode contar a qualquer momento.

Na favela, a vida não é regida por interesses. É regida pelo amor. Porque se ama o menino que a vizinha cria do mesmo jeito que se ama a sua filha. A mãe também compartilha a bronca e compartilha o carinho. O colo, a comida, o abraço, o colchão. Ali, todo mundo se sente acolhido e ninguém fica sozinho. Solidão não existe na favela, pois ali se aprende desde cedo que o ato de doar desbloqueia o ato de receber, e por isso doar está enraizado nessa gente.

Foi justamente por isso que resolvi abordar esse ponto logo depois do capítulo onde falo da família. O ato de doar faz com que as famílias se unam, e com isso o favelado passa a ter a família de sangue e a família da comunidade. Esses laços são tão fortes que nos fazem ver que quase tudo pode ser doado, e é aí que notamos que nem tudo que é doado é material.

Por exemplo:

Se eu levo meu filho para a escola e sei que minha vizinha também tem um filho que estuda no mesmo local, por que não doar a companhia e levar o filho dela? Aí quando uma não pode, a outra leva. Se o parente de um amigo está hospitalizado, por que não doar uma visita? Se ele precisa de sangue, por que não doar? Por que não doar um abraço, doar atenção, doar a leitura de um livro, doar uma oração, doar pensamento positivo?

Por que não doar?

A regra é não quebrar a corrente do bem, é ajudar sempre que puder e no que puder. Até porque, quem hoje ajuda pode ser o que amanhã irá precisar ser ajudado. É claro que vez ou outra alguém acaba quebrando a corrente e não correspondendo. A pessoa precisou de você e você estendeu a mão, mas quando você precisou ela não fez questão de ajudar. Só que quem perde é sempre quem quebra a corrente, pode apostar.

Aprenda uma coisa: o favelado conhece as voltas que o mundo dá e é justamente por isso que eu, que sou cria de favela, falo tanto que de todas as paixões que tenho, a mais aflorada sempre foi a paixão pelas voltas que o mundo dá. Guarde isso!

É importante não ser você o que irá quebrar a corrente, e mesmo que alguém de seu ciclo a quebre, não se deixe contaminar por aquilo. Siga fazendo o bem, siga doando e siga acreditando que o bem sempre vence o mal.

Para quem mora em bairro mais classudo, a vida segue de forma diferente. Se sai de carro para o mesmo colégio, se deixa a criança na porta, se vai para o mesmo prédio trabalhar, pouquíssimos são os capazes de chegar para o outro e oferecer carona ou até mesmo pensar em revezar. Estas coisas ou nunca foram feitas ou estão sendo esquecidas pelas pessoas e precisam ser resgatadas urgentemente, porque ninguém vive sozinho. É bom contar com gente, é bom ter pessoas por perto. É bom saber que ninguém fica desamparado. De verdade.

Vejo pessoas desabafando comigo todos os dias nas redes sociais, e a solidão e o vazio sempre estão presentes nas colocações. Essas pessoas são categóricas ao afirmar que foram perdendo os laços por causa dos bens e do dinheiro, e que hoje sentem muita falta de calor humano vindo com verdade e sem interesse, pois eles sabem que a maior parte daqueles que os bajulam o tempo todo só o faz por causa das segundas intenções.

Gente que não se doa, não se apega, só vive para si mesmo e para as selfies das redes sociais. É capaz de ver o colega cair e ainda dar risada antes de ajudar a levantar. Isso se não pegar o celular, filmar o amigo no chão e postar demonstrando ali que ele não está nem um pouco preocupado em expor o outro, a única coisa que ele pensou quando fez o vídeo foi em ganhar uma meia dúzia de curtidas e compartilhamentos. E, para isso, eles filmam o outro dirigindo alcoolizado, discutindo, passando mal. Filmam qualquer coisa que possa viralizar e postam.

Pra muitos desses a palavra "doar" assusta, pois hoje estão tão apegados ao material que doar dói, e com isso pessoas têm o triste hábito de acumular de forma desnecessária muita coisa que seria útil pra muita gente, mas acumulam pelo amor ao bem material. De que adianta ter e não se preocupar com o outro, preferir acumular, reter até mofar? Deixando tudo descartável, tudo ir pro lixo.

Rico vende roupa usada em bazar para os amigos. Favela doa pra quem precisar. Isso diz muito sobre o conceito que temos de compartilhar.

Só que a falta de convívio aflora a solidão e com isso inúmeros problemas podem surgir, pois muitos desses levam tempo demais para descobrir que o bem material era sim importante, mas que se apegar de forma exagerada a ele faz com que a pessoa se torne um verdadeiro segurança, onde a função é proteger o bem, mesmo que pra isso tenha que se afastar de tudo e de todos. E é aí que mora o maior problema, pois se afastar de tudo e de todos pode até lhe garantir a segurança do bem, mas causa um mal mental irreparável e uma solidão muitas vezes incontornável.

Assim, muitos vivem em verdadeiras prisões domiciliares de luxo, mas tão alto quanto esse luxo é o vazio que cada um traz estampado em seu rosto. Festa de favela, por exemplo, não tem camarotes, mas festa de rico, além de camarote, tem ainda espaço vip dentro dele, que nada mais é que o camarote do camarote. Eles se separam o tempo todo, é uma guerra de quem pode mais, de quem tem mais.

Já na favela, não, ali geral se conhece e com isso acabam sabendo do problema alheio e a corrente do doar se espalha rapidamente, e aí o problema acaba sendo partilhado assim como a solução também se partilha.

Me lembro de infinitas vezes que alguém chegou em casa, contando de outro alguém que eu nem conhecia, e eu percebi que aquelas pessoas estavam passando por um problema que eu sabia como ajudar. Corria até lá, dava meu pitaco, minha solução. Batia na porta, apresentava-me, sugeria uma coisa simples, mas mais do que fazer, o gesto na favela representa muito. O simples fato de saber que você pode contar com o outro já te nutre de todas as maneiras possíveis.

Ali se cresce sabendo que dor partilhada dói menos e a alegria partilhada se torna maior.

Se você perde um ente querido e conta pra outra pessoa, se essa pessoa te dá um abraço e chora junto contigo, a dor se divide. E desse jeito, dói menos. Experimenta fazer e me conta se não é verdade.

Da mesma maneira que se você ficar sabendo que será pai e contar para alguém, a alegria se multiplica e fica maior. É a magia de dividir a dor e multiplicar a alegria.

Tudo isso se aprende doando. E doar é uma coisa que o favelado sempre fez e sempre soube fazer. Talvez seja por isso que essa gente é tão feliz, mesmo tendo tão pouco, mesmo com tantas faltas, mesmo com tantas precariedades. Apesar de tudo isso, essa gente sorri. São os mistérios recebidos da arte de doar.

Doar é um ato de solidariedade e ser solidário é ser mentalmente vitorioso. Com isso reafirmo que no quesito doar e ser solidário, a favela vence de novo.

A REGRA É NÃO QUEBRAR A CORRENTE DO BEM, É AJUDAR SEMPRE QUE PUDER E NO QUE PUDER.

A FAVELA VISTA PELO OLHAR DE DENTRO

Chega de permitir que falem por nós ou que nos retratem apenas na visão deles! O morro tem sua própria voz.

Crescemos sendo filmados, clicados e mostrados por gente lá de fora. Essa gente sempre falou e mostrou o que quis, quando quis, e da maneira que quis. Só que em outros tempos, mesmo que indiretamente, nós concordávamos com tudo aquilo, víamos chegar aqueles carros com os dizeres na porta "Equipe de Reportagem" e saíamos correndo sorrindo e gritando todos felizes com as câmeras.

Com isso, sempre nos colocávamos em posição inferior. Como se fôssemos atração de circo para entreter quem vinha assistir a gente, como se a favela fosse um lugar de entretenimento.

Ainda me lembro como nos inferiorizávamos perante essa gente, agigantávamos o que vinha de fora, pois tínhamos gosto em ver todo aquele equipamento: filmadoras, máquinas fotográficas, microfone, luzes.

Chamávamos aquilo de "coisa do primeiro mundo", e pensávamos que apenas eles possuíam aquilo, mais ninguém. Então, só assistíamos ao que era feito.

No morro ninguém tinha filmadora ou máquina fotográfica, isso era artigo de luxo, coisa de gente do asfalto. Muito raramente alguém do morro tinha máquina. Não que não gostássemos, mas não era prioridade. A prioridade era comer e ter o que vestir. E, num passado não muito distante, os pouquíssimos que tinham uma máquina fotográfica só conseguiam comprar um filme em uma data especial, que fosse aniversário, Natal ou casamento.

Mesmo assim, depois de tirar as fotos, colocávamos o filme na gaveta para revelar quando fosse possível. E, se demorasse demais para revelar o filme, ele se danificava e aí já era. Não tinha essa de tirar uma foto e depois tirar outra para garantir, pois eram apenas doze cliques. Era uma foto e ponto-final. E torcer para que ficasse boa. Só que sempre tinha um dedo na frente, um olho vermelho, alguém atrapalhando ou olhando pro lado.

Se acha que estou sendo saudosista de lembrar dessa época das máquinas que não eram digitais, saiba que isso tem muito a ver com o fato de que a tecnologia chegou bem depois na favela. E isso fazia com que a gente ficasse ainda mais fascinado quando alguém chegava com câmera em punho.

E pense em um lugar onde o povo gosta de fazer matéria! Era gente do mundo inteiro subindo e descendo as ladeiras para mostrar a favela.

Mas o tempo foi passando e nós começamos a entender que a maioria dos que entravam para fazer reportagens, filmes, documentários, fotos ou similares, sempre buscava a mesma coisa, as matérias ou abordagens eram sempre parecidas. Fomos percebendo que eles adoravam mostrar a favela feia, a favela desleixada, a favela esquecida, a favela do tráfico, a favela do sofrimento, a favela da miséria, a favela da pobreza, a favela como a escória do mundo.

Eles adoravam mostrar menino com catarro escorrendo pelo nariz, filmavam somente pessoas descalças, procuravam até encontrar um esgoto a céu aberto e corriam para filmar, observando até encontrar uma garotinha com a roupa rasgada ou com o cabelo todo embaraçado. Escolhiam a dedo o barracão mais frágil pra fazer imagens. E se vissem alguém com dente destratado já corriam pra falar com aquela pessoa só pra mostrar a precariedade de seu sorriso. Filmavam porco solto entre os becos, panelas velhas, lixo, tráfico e pessoas armadas.

Escolhiam um bolinho de crianças paupérrimas, barrigudinhas, sem camisa, e corriam lá e faziam uma pergunta escrota já sabendo que a criança não conseguiria responder. Procuravam algum adulto que visivelmente não tinha muita informação e faziam o mesmo, já sabendo também que ele iria travar na resposta. A ideia era pegar aqueles mais jogados e mostrar que nem falar essa gente sabia. Se tivesse morte e sangue então era um prato cheio pra eles, vinham com tudo e filmavam.

Era geral procurando a mesma coisa.

Essa era a visão que eles mostravam do morro, essa era a linha de filmagem. A regra era um lugar feio onde só acontece coisa ruim e coisa feia. Um berço de tragédia abandonado por tudo e por todos. E, de tanto presenciarmos aquilo, de tanto assistir àquilo, acabamos caindo na armadilha e acreditando que eles estavam certos. Começamos a acreditar que éramos mesmo um lugar esquecido, que éramos mesmo feios, que a favela era só o tráfico, que era só criminalidade, que nossas casas eram horríveis, nossos becos, nossas vielas, nossos escadões. Que tudo era lixo.

Então aconteceu o pior: o favelado começou a ter vergonha da favela. Não queria contar que tinha nascido ou sido criado ali. Quando saía dali, contava uma história bonita, mas não revelava suas origens. Tinha medo de que as pessoas iam fazer aquele olhar de espanto e horror. O mesmo que faziam quando assistiam aos documentários sobre a favela retratada pelo olho de fora.

Desse jeito a estratégia deles estava dando certo, sem perceber estávamos alimentando tudo aquilo e o próprio favelado passou a ter vergonha da favela. E eles tinham uma vantagem enorme que usavam contra a gente: o fato de naquela época, no morro, quase ninguém tinha televisão em casa.

Só que o tempo foi passando, as coisas foram se tornando mais acessíveis, as tecnologias foram se tornando mais populares, as primeiras TVs em preto e branco foram chegando no morro, os primeiros telefones fixos, depois os videocassetes, os DVD's, os bipes, os celulares, a internet e tudo isso foi aproximando o morro do que acontecia fora dele.

Enfim pudemos ver como as coisas eram, e como elas aconteciam em todas as partes do mundo. Foi aí que nosso sinal de alerta se acendeu, pois passamos a ter acesso ao que era filmado por toda aquela gente, e vimos que aquilo não estava correto, que todas aquelas imagens carregadas só faziam o mundo ter mais nojo, medo e querer distância da favela. Aquilo alimentava o preconceito e a discriminação.

Então, aos poucos, fomos colocando interrogações naquela forma com que mostravam a favela. Começamos a colocar nosso grito e nossa voz pra fora. Começamos a parar de dar crédito ao que falavam de nós e criar a nossa própria narrativa.

Começamos a ter voz. Começamos a ser voz.

Pronto! Nascia ali nossa curiosidade sobre nós mesmos, e com ela nascia o que viria para mudar nossa mentalidade, que foi a coragem de nos permitirmos colocar os nossos "serás" e depois os nossos "e se...".

Primeiro os serás:

– Será que somos mesmo esse lixo que mostram?

– Será que somos realmente tão feios?

– Será que somos somente o tráfico, a criminalidade?

– Será que além da cor da nossa pele a única outra cor que existe é o vermelho do sangue dos nossos irmãos que são mortos em becos e vielas?

– Será isso? Será aquilo? Será?...

E depois dos "será" vieram os "e se..."

– E se comprarmos uma filmadora e começarmos a filmar também?

– E se começássemos a usar a câmera desses celulares pra mostrar outras coisas além do que eles mostram?

– E se começarmos a mostrar o que temos de bom aqui dentro da favela?

– E se começarmos a cuidar melhor de nossa aparência?

E se, e se, e se?...

E foi aí que a coisa tomou novos rumos. Nossa gente antes mostrada apenas de fora pra dentro, começou a se mostrar de dentro pra fora.

O "e se..." virou um movimento, uma voz.

A menina que alisava o cabelo pra parecer a garota da Zona Sul começou a perguntar: "E se eu deixar o cabelo assim? E se eu gostar do meu cabelo como ele é?".

O cara que tinha a casa sem reboco passou a se questionar: "E se eu gostar da casa sem reboco?".

E esses pequenos questionamentos foram nos levando para um outro mecanismo.

Quanto mais críticos ficávamos, mais trazíamos a nossa verdade e o nosso olhar sobre as situações que antes eram mostradas por meio do olhar de quem via de fora.

Aqueles que sempre se contentaram em ouvir, descobriram que também podiam falar, fazer, filmar, fotografar, mostrar. Foi quando a favela gritou e se viu como sendo sua própria voz.

A partir daí passamos a mostrar que temos, sim, todos aqueles problemas escancarados pelos lá de fora, mas que não éramos somente aquilo, que na verdade aquilo não representava a maioria absoluta, que não era todo barraco que não tinha comida, que não eram todos os moleques que andavam descalços, que não eram todas as garotinhas que tinham roupa rasgada e que só andavam com o cabelo despenteado, que não era todo beco e toda viela que tinha fuzil ou droga, que não éramos feios, que não éramos ignorantes, que favela não era sinônimo de gente pobre e sem instrução, de gente feia e que morria de fome.

A favela era um grito, um povo que não cansava de lutar, de se levantar, de cair e de se reerguer com força, de produzir cultura, luta, alegria. Favela era sinônimo de coisas muito mais fortes e poderosas. Favela podia ser um hino.

Foi com a tecnologia que esse Rick que vos fala chegou a ser ouvido por todas as classes sociais. Porque num dia resolvi falar o que pensava e postar nas redes sociais. E o vídeo viralizou. E daí muita gente também nasceu e cresceu, porque entendeu que podia levar a própria voz, que podia ser um mensageiro ou aquilo que tivesse vontade.

Mas não pense que antes desse barulho todo de celular, rede social e internet acessível a gente não tinha voz, pois tínhamos, e muito!

O problema é que era mais difícil fazer a informação chegar aos lugares. Isso atrasava os avanços e o processo de evolução de nossa gente. Afinal, todos sabem que informação em tempo real tem mais peso, e por isso quanto mais rápido ela chega, mais força ela tem.

Conforme fomos parando de acreditar no que diziam da gente e criando nosso próprio repertório, o jogo virou. O povo começou a entender que na favela as pessoas fazem a engrenagem delas girar.

Ainda bem antes do celular se popularizar e da internet se tornar acessível, tinham em Vigário Geral o *Jornal do AfroReggae*, que surgiu do Projeto AfroReggae, que por sua vez surgiu para tentar amenizar a dor oriunda da lamentável, triste, lendária e inesquecível chacina de Vigário Geral.

O que se vê na favela é a predominância de uma raça e de uma cor. Historicamente, uma raça que foi escravizada. Depois falaram que libertaram, mas foi marginalizada. E nos libertamos. E que é libertar?

Quando a mulher negra fala: "Peraí, o meu cabelo não é ruim. Passei a me ver assim porque aceitei a visão do mundo", e se assume, se vê como deveria se ver, isso muda tudo. Porque não tem nada mais forte do que uma mulher empoderada. Ela passa a inspirar outras mulheres e a fazer a diferença na vida delas, deixando com que se assumam e se amem do jeito que são.

Quisera eu que tantos outros tivessem tido ou ainda tivessem a oportunidade de serem iluminados como meus pais. Meus pais nunca nos diminuíram: eles sempre nos empoderaram. Eles sempre diziam o que tínhamos de bom e acreditávamos naquilo como se fosse a nossa maior força, nosso super poder.

E hoje, aos poucos, a voz da favela começa a ser ouvida. As pessoas começam a ocupar espaços, sabendo que têm esse direito.

Não tem essa de "às cinco da tarde a Rocinha desce pra praia de São Conrado". Não tem hora certa de rico e hora de favelado frequentar a praia. A favela passou a perceber que podia ocupar todos os lugares. Foi percebendo, por exemplo, que poderia, sim, ir ao shopping da Zona Sul, que os direitos tinham que ser iguais aos dos jovens filhos de bacana que quando querem vêm aos bailes funk da comunidade para dançar nossas músicas. O famoso "rolezinho" nasceu deles vindo conhecer e se divertir no ambiente da favela. Se você chegar nos bailes de favela, os bacanas estão lá. Se chegar em uma quadra de escola de samba dentro do morro, eles estão também, e aí o povo do morro disse: "Nós também podemos". Isso é um movimento de empoderamento.

Quando você se vê, você possibilita que o outro te enxergue, e a missão maior da pessoa é procurar se enxergar e se ver no meio da multidão.

Eu me enxerguei, e falei: "Eu também posso". E não foi alguém lá de cima que me achou e falou: "Dá um grito para as pessoas te verem". Fui eu que gritei: "Eu tenho voz". Assim como tantas outras pessoas que gritaram e disseram: "Eu existo", "Me respeita que eu existo", "E tenho potencial independentemente de onde venho".

A gente começou a perceber que não é um em um milhão nem dois em um milhão, é dezenas, centenas. É a voz de milhares. Tem um monte de gente vencendo. Saindo da favela, que é o lugar de maior dificuldade, e encontrando nessas dificuldades força pra vencer.

Armaram para a gente, pra tentar nos convencer que é um em um milhão que vai vencer, mas a gente não pode mais achar que é exceção da regra. Vencer é difícil, mas é uma armadilha abalar o outro mentalmente a ponto de lavá-lo a acreditar que não pode mais vencer.

Hoje temos atores da favela, escritores da favela, empreendedores da favela, empresários da favela, vozes da favela.

Quer outra superprova de que a favela quando se vê consegue fazer e fazer bem feito? Você já ouviu falar na Central Única das Favelas (CUFA)? Presumo que sim, mas caso não conheça, dê uma pesquisada aí. Cara, a CUFA é o retrato de que dá pra fazer e fazer bem feito. Eu poderia citar aqui inúmeros exemplos de coisas que eles fizeram, mas vou dar destaque a apenas dois que considero de suma relevância.

O primeiro deles é o Prêmio Hutúz, uma iniciativa da CUFA que deu voz e premiou centenas de pessoas que em sua ampla maioria vinham da favela e que em suas respectivas áreas vinham se destacando na cultura hip hop, seja cantando, discotecando, dançando, produzindo, grafitando etc... O Prêmio Hutúz, idealizado pelo produtor Celso Athayde, é literalmente um marco para a favela.

E o segundo feito que considero destaque na CUFA é a Taça das Favelas. Mermão, é isso mesmo que você ouviu: uma copa de futebol para times de favela. Isso rodando o país. Você tem ideia da grandiosidade dessa parada? Tem ideia do feito inenarrável que é isso? Essa gente toda de morros de todos os cantos mostrando que consegue se unir e fazer as coisas.

Tudo que citei acima comprova que a favela já falava e já gritava há anos, mas como eu disse, eram outros mecanismos e a informação tinha mais dificuldade de se espalhar.

O que mudou agora foi que está tudo na palma das mãos. Com isso vieram documentários, curtas-metragens, livros e outros tantos jeitos e maneiras de se mostrar e falar da favela.

Tudo isso fez com que aquela gente que vinha falar da favela e mostrar ela como sendo apenas um lugar feio e violento começasse a mostrar os outros lados da favela, as outras coisas que existiam ali dentro. Ou seja, muitos gritos juntos, resultaram na amplificação da voz dessa gente e se tornou um grito muito forte. O grito que honra a própria voz. Quem grita é visto e ouvido. E se estão ouvindo aqueles que não tinham voz, se estão assistindo sob nosso próprio olhar, se estão lendo algo escrito por nós mesmos, nisso também podemos afirmar que:

A favela venceu, meu amigo.

Aos poucos, fomos colocando interrogações naquela forma com que mostravam a favela. Começamos a colocar nosso grito e nossa voz pra fora. Começamos a parar de dar crédito ao que falavam de nós e criar a nossa própria narrativa.

FAVELA: A FACULDADE DA VIDA

É isso! Uma faculdade, um lugar difícil de ser comparado a qualquer outro. É tanta coisa acontecendo ao mesmo tempo que às vezes penso que o termo "prova de resistência" surgiu foi na favela.

Basta nascer e pronto! Começa ali sua batalha, sua luta, suas aulas.

Na favela o tempo de aprender começa bem cedo, muito mais cedo de que em muitas outras classes. Ainda no colo da mãe a criança já se depara com a escassez e começa a aprender a driblá-la. Criança de colo nascida em comunidade come desde cedo coisas que em outras classes jamais comeria. Na favela a necessidade dita muitas das regras e em sua ampla maioria é impossível fugir.

Com isso o favelado aprende a *se virar*.

Você deve estar se perguntando: "Mas aprendem com quem?". E eu lhe respondo:

Aqui aprendemos com tudo e com todos. Na favela tudo é aula, todos são professores e todos são alunos, todas as situações ensinam algo. E o melhor e mais bonito dessa grande faculdade da vida é que aqui não se disputa o conhecimento. Aqui não tem essa de "eu sei e não te ensino", aqui se pensa sempre nas voltas que o mundo dá, e com isso quem hoje ensina amanhã precisará aprender.

Aqui sabemos que o conhecimento só é de fato louvável se for partilhado, pois quem o recebe agradece e ao aprender torna-se também professor.

Pra facilitar o entendimento deixo aqui alguns dos cursos de graduação disponíveis na faculdade da vida.

Curso: Aprender a Ser Grato
Duração: Uma vida inteira
Descrição: Na favela aprendemos inicialmente a ser gratos. Não interessa qual é a situação do momento, se estamos vivos, se estamos respirando, se conseguimos abrir os olhos, se estamos vivenciando mais um amanhecer, se estamos com o pulso normal, o coração batendo etc. Se você tem isso, agradeça. Mas agradeça muito, muito mesmo.

A faculdade da vida nos ensina que tudo que alguém queria ter neste exato momento é uma vida igualzinha à que você tem. E pode apostar que isso é uma verdade absoluta. Dê uma olhadinha à sua volta e vai concluir que a vida que hoje você chama de péssima está bem melhor do que a de muita gente por aí.

Se acha que seus pais são chatos, agradeça, pois muitos queriam apenas ter os pais vivos, mesmo que fosse para chamar atenção.

Se a creche de seu filho não é a melhor, agradeça, pois o filho da sua vizinha nem conseguiu vaga.

Se sua casa tem goteira, agradeça, pois a casa ao lado desabou.

Se você hoje vai ter que comer ovo, agradeça, pois alguns nem terão o que comer.

E digo mais: é bom ficar de olhos abertos! A faculdade da vida reprova, basta sentir que você não aprendeu a lição da gratidão e pronto! É reprovado direto, pois quem não é grato jamais será digno de ter. Portanto, pesquise melhor sobre esta graduação, ela pode contribuir demais em sua formação pessoal e profissional, bem como em sua formação de caráter.

Entendida a necessidade desta graduação, bora para a próxima.

Curso: Perito em Escolhas
Duração: Uma vida inteira
Descrição: Na favela, um dos cursos mais importantes é o das escolhas. Pense em um lugar com uma vasta opção de escolhas, onde a todo momento surge mais uma e você precisa estar muito pronto para definir com maestria para errar o menos possível. No morro, algumas escolhas podem conduzir a resultados mais

rápidos, por outro lado, o percurso é bem esburacado e as consequências podem lhe conduzir a um precoce *game over*. Mas, na periferia, há também muitas escolhas com trajetos longos, porém menos esburacados, que podem lhe render um bom resultado.

O mesmo acontece quando você vê um relacionamento se perder por causa de traição, e novamente escolhe qual ensinamento vai levar daquela aula. Se vai aprender a trair ou se vai apenas aprender que aquela não é a melhor opção.

Você vê alguém construir um barraco à beira de uma encosta, e um tempo depois vê a chuva levando aquele barraco ladeira a baixo. Você até sabe que talvez aquela era a única opção de quem o construiu, mas ainda assim, escolhe se vai correr o mesmo risco ou não.

Tudo isso e muito mais é o curso das escolhas que ensina você a tomar as melhores decisões. É necessário entender e aceitar que você nada mais é do que fruto de suas escolhas. Qualquer ser humano pode chegar a qualquer lugar, inclusive a lugar nenhum, única e exclusivamente baseado em suas escolhas.

Mas a faculdade da favela tem mais graduações, então bora pra próxima.

Curso: Superação
Duração: Uma vida inteira
Descrição: Superar limites, adversidades, medos, mistérios, labirintos, obstáculos, dificuldades, preconceitos e outros.

Na favela, é comum você perder a tampa do dedão do pé em uma pelada de futebol de rua. E quando isso acontece, a regra é bem simples: engole o choro e segue o jogo! Não adianta chorar ou dizer que não consegue mais jogar. Não existe essa opção, o time está com os jogadores contados e se você sair vai prejudicar os demais. Naquele momento, você aprende que é preciso superar por si e pelos outros. Vai doer, mas você vai ter que suportar a dor e seguir. Ali, você aprende que na partida da vida não tem banco de reserva e que ninguém poderá substituí-lo, e aquilo lhe ensina a lidar com os obstáculos, aprender a superar o insuperável.

Você vai vivendo no morro e entendendo que o fator superação lhe acompanhará pelo restante da vida.

Aceitar que é preciso superar tudo o tempo todo leva o favelado a uma quase imunização em vários sentidos. Nesse aspecto, o morador de comunidade leva uma grande vantagem sobre os demais, pois ali não existe outra opção senão superar. Ali, superar é praticamente como respirar, ou você respira ou você morre. É superar ou morrer.

Aquele que não faz o curso de superação comete um erro irreparável, pois terá sérios problemas diante de qualquer entrave.

Tem ainda as pós-graduações, vou deixar aqui uma como exemplo.

Pós-graduação: Se levantar após as quedas
Duração: Uma vida inteira
A faculdade da vida na favela nos ensina que a vida é uma surra!

Viver é estar constantemente no ringue, isso aqui é pra quem tem coragem de lutar. É batalha atrás de batalha. Se você estiver na arquibancada apenas assistindo quem está lutando, você não está vivendo, e sim sobrevivendo, pois essa aula é prática. Até existe a parte da teoria, mas está lá nas graduações, no curso das escolhas. É lá que você escolhe lutar ou apenas assistir à luta de alguém. Aqui, na pós, é porrada mesmo, é ringue, é campo minado onde se aprende que se pisar em falso pode ser fatal. Aceitando essa lição, você aprenderá logo na sequência que não vencerá todas as batalhas, ou seja, vários irão te deixar com a cara na lona do ringue. Mas será justamente nessa hora que esta pós-graduação entrará em cena em uma única frase: *levanta-te e anda*. É isso ou ser pisoteado e esmagado de tal maneira que jamais você terá condição de seguir, jamais terá condição de subir novamente ao ringue, jamais irá para a próxima fase, a próxima luta, a próxima tentativa.

Penso até que o Raul Seixas fez a música "Tente outra vez" para os formandos da faculdade da vida, pois ela é categórica em lhe dizer "tente outra vez", continue, levante-se, siga. Mesmo que todo machucado, siga rumo ao próximo nível.

E isso me deixa tranquilo para lhe afirmar que é humanamente impossível vencer sem tomar muita porrada até que se aprenda com elas. Até que, por fim, a ficha caia e se aceite que cair é da vida, mas permanecer no chão é opcional.

Certa vez assisti a uma entrevista com o mestre Bezerra da Silva, que dizia que os favelados não escolheram a favela e foram pra lá. O cara foi expulso pela fome de algum lugar e foi parar na favela. Então, favela é lugar de gente que foi expulsa. E durante muito tempo as pessoas tinham vergonha de dizer que tinham essa origem. Chegava numa roda de conversa e falava o nome de qualquer bairro perto pra não dar a entender que era do morro. Com o tempo, o povo passou a se orgulhar do seu lugar, porque sabia que dizer de onde se vinha fazia com que quem viesse atrás entendesse que existia um caminho a ser percorrido.

Porque todo pai quer deixar uma favela melhor pro seu filho.

O que se vê hoje é que a favela é uma faculdade a céu aberto. Uma faculdade onde todo mundo é professor e todo mundo é aluno. Você ensina e aprende em todas as situações. Tudo é real dentro da favela e lá você tem a oportunidade de, na rua de casa, ter uma boca de fumo e um cara descendo a ladeira com caixa de isopor. E é nesse instante que uma escolha vital é feita: você escolhe quem vai ser seu professor. Quem vai ser o mestre que vai te inspirar e que aula vai levar para escrever o livro da sua vida.

Só que a mente de uma pessoa que nasce nestas condições está programada para que a coisa ruim tenha mais ênfase. Porque os holofotes estão sempre virados para as notícias ruins. E é preciso quebrar esse paradigma, mostrando que a favela vence e quem são os caras que estão vencendo e vieram da favela.

Aí é que a formação de caráter começa. Porque você vê, filtra e forma as suas ações pra entender o que vai praticar no livro da vida. Você vira professor daquilo que aprendeu quase que instantaneamente. Você aprende e ensina no automático.

Toda situação na favela é isso. A favela é uma faculdade gigante e você aprende e ensina o tempo todo. Nem tudo que aprende, você pratica. Eu passei anos vivendo ao lado do tráfico, abrindo a porta de meu barraco e vendo como primeira cena armas, drogas e tudo mais que se pode imaginar. Mas nada daquilo nunca me seduziu, nada nunca me interessou. Eu sabia que a faculdade da vida estava me apresentando aquela matéria, mas era eu que iria definir qual lado da aula levaria comigo. Se seria a aula do "tô dentro" ou a do "não compensa". Você escolhe o curso que quer cursar, e eu sabia que mesmo que o caminho fosse mais longo, preferia ser o guerreiro, batalhador, o cara que luta pelos objetivos.

Mas a faculdade da vida nos ensina claramente que viver é desenhar sem borracha. Não tinha tempo de assimilar tudo que dava errado. Era um aprendizado constante. Aprendo, ensino e faço. Não tem tempo pra meditação, nem pra editar o que se viveu durante o dia porque a realidade passa por cima de você feito um rolo compressor. Passou, virou experiência. Tomou pau, tomou pau.

É crescer na tora.

Viver o dia a dia ali é que nem estar com um leão correndo atrás de você e você estar ao mesmo tempo correndo atrás de outro leão. Não dá pra olhar pra trás e ter medo, nem pensar na possibilidade de não alcançar o que você está perseguindo. Tem que ser mais rápido que o da frente e que o de trás. É uma maratona por dia. Exaustiva.

Errar rápido é o que se faz na favela. Errou e por mais que se tenha consciência, não tem tempo de consertar. Talvez na próxima vez tenhamos outra atitude que gera outro resultado. E até o jeito de errar faz com que ensinar seja diferente, porque você observa e é observado o tempo todo. Se você errar rápido, as câmeras que estão te vendo também irão fazer o mesmo.

Na melhor das hipóteses, você aprende com aquele erro. Quando você escolhe não dirigir alcoolizado, você dá uma lição, mas se dirige nessa condição e depois decide não se permitir mais dirigir assim, você dá duas lições: de que pode ter errado, mas aprendeu e não vai repetir o erro.

Não há tempo pra lamentação. Amanhã é outro dia e acabou.

Quando comecei a vender água em Copacabana, eu vendia por dois reais, e estava felizão da vida celebrando o lucro quando a turma da praia me pegou de jeito: "Ei, mas aí é fácil. Aqui a gente vende a cinco reais. Quero ver comemorar!".

Entendi naquele segundo que estava fazendo algo errado, consertei e não tive tempo de fazer planilha ou cálculo para o dia seguinte. Não podia chegar em casa e pensar *será que amanhã vou vender o mesmo tanto a cinco reais?* e desanimar. Era aprender o jogo jogando, sem reclamar das faltas e tomando muito cuidado para não cometer erros irreparáveis, tomar um cartão vermelho e ser expulso.

É mais ou menos o que as pessoas precisam fazer e aprender com a favela: alinhar a rota o tempo todo, mesmo no meio do voo. E o cara da classe média, o empreendedor ou o rico, está precisando de aula nisso tudo, porque o cara que nasceu em berço de ouro nunca teve que lutar por nada. O cara que nasce no meio do caos e venceu, dá valor ao dinheiro e a tudo que ele conquista.

Vejo muitas pessoas com grana no banco enfrentando pequenos perrengues e acreditando que aquilo é o fim do mundo. Sei de notícias de empresários se suicidando porque não conseguem manter o padrão da família. Se esse cara tem uma dificuldade pequena, o seu mundo desaba, só que o que ele não entende é que a dificuldade dele é a condição de vida que o favelado queria ter. O problema dele é tudo que um cara da favela queria ter pra resolver. A reunião on-line travou e você acha que aquele é o problemão da sua vida? Para quem nasceu talhado na dificuldade, aquilo é mamão com açúcar.

O tamanho da orla que eu percorria todo dia era de 4,5 quilômetros, e eu fazia esse trajeto quantas vezes fosse preciso. Por isso hoje não reclamo de viajar pra todo canto do Brasil e do mundo de avião, mesmo que eu faça isso todo dia. Como vou reclamar? Vou sentado, faço um trajeto, faço minha palestra e retorno pro Rio de Janeiro, onde vivo. É uma vida corrida? Sem dúvida! Muitas vezes chego de madrugada e saio de madrugada. Mas um cara que andava tanto quanto eu andava na orla não pode se esquecer do que é dificuldade de verdade. Se eu reclamar de alguma coisa na minha atual condição, estarei sendo injusto e ingrato comigo mesmo.

Todos nós precisamos entender que independente de morar ou não na favela, é preciso correr para não morrer na mesma condição que você nasceu. Se nasceu milionário, corre pra virar bilionário. Se nasceu pobre, tenta melhorar a condição. Se nasceu na merda, sai da merda e deixa uma vida melhor pro seu filho. Porque a injustiça tá aí, e enquanto você vai aprendendo e praticando, pode ter certeza de que vira professor para tantos outros, pois essa é a faculdade da vida.

Até os 7 anos de idade, meus colegas comiam carne e eu não. E eu perguntei para minha mãe por que a gente não comia carne. Hoje sei que o que a gente faz é perguntar pra Deus e deixar nas costas Dele. "Se Deus quiser, quando eu crescer eu vou comer carne todo dia." Isso é transferência de responsabilidade, porque Deus sempre quer. Tem que ver quanto você também quer.

Outra maneira de ver a situação seria simplesmente perguntar pra minha mãe por que o pai dos meus amigos compra carne todo dia e o meu não, e ficar ali, triste porque não podíamos comprar. O terceiro jeito de olhar era resolver o problema. E foi o que eu fiz, resolvi o problema e ponto.

Só que a vida não é justa, e aos 7 anos de idade eu não sabia que criança tinha que brincar, ir à escola e se divertir. Eu achava que se eu quisesse comer carne, precisava trabalhar pra ajudar meus pais a conseguir colocar carne na mesa. Colhi a horta, fiz um carrinho de mão e trouxe carne pra casa com meu dinheiro, e quando comecei a trabalhar e levar mistura pra casa, percebi que minha mãe ficava mais feliz ao me ver chegar com saco de verduras do que com um boletim com ótimas notas. E eu nem posso condená-la, pois não tínhamos outra condição. Era fazer aquilo sem reclamar ou condenar.

Mas como bom aprendiz, quero ser um bom professor na faculdade da vida, e hoje sei que repetir que as crianças devem fazer isso seria um grande erro. O lugar da criança é na sala de aula, independente do lugar que ela nasceu. O Rick criança queria estar disputando um campeonato de futebol, mas estava vendendo sacolé.

E por não querer que minha filha fizesse isso é que me esforcei tanto depois de adulto. A grande diferença é que, assim como meu pai tentou preservar em mim o instinto de estar preparado para sua ausência, eu faço o mesmo com a minha filha.

Não dá pra romantizar o trabalho infantil, e hoje sei disso mais do que ninguém, principalmente depois de ter filhos e ver tanta criança na favela com a infância roubada.

Ausência é ausência porque a infância vai passar. Eu não brinquei nem joguei bola na época de jogar bola, e sei que isso é irreparável. Não é porque eu trabalhei na infância que acho que isso tem que ser exemplo para alguém. Eu tenho consciência que o melhor dos mundos é nenhuma criança precisar trabalhar pra complementar a renda dentro de casa.

O tempo não passa mais rápido, mas as oportunidades são diferentes. A minha cor é de gente de menos oportunidade, e isso faz com que o mercado te entenda de outra forma. Eu tive que enfrentar muito leão para chegar em determinados lugares, mas quanto mais rápido você entende que tem que enfrentar esses leões, mais rápido enfrenta e segue em frente. Ouse, aprenda e faça, e vire professor nisso também.

A faculdade da vida nos mostra que a maioria massacrante entende que é mais complexo. Hoje, no Brasil, as favelas são feitas de gente excluída e expulsa – e, se você não sabe, vou te contar uma coisa: os negros brasileiros correspondem a 70% dos 16 milhões que vivem em extrema pobreza. Então não adianta falar que uma coisa não tá ligada à outra.

Ninguém fica incomodado se não tem um negro numa festa da alta sociedade ou se não tem um na capa da revista com os maiores destaques. Isso porque o olhar do brasileiro se acostumou com isso. Uma outra verdade é que 70% dos moradores de favela são negros também. E isso contribui ainda mais para o estereótipo, porque negro fica sendo sinônimo de favelado. E muita gente não quer favelado na sua casa, nem na sua rua, nem na sua festa.

Negro passa pela polícia e sabe que pode tomar enquadro mesmo que esteja voltando do trabalho. E se você acha que eu tô exagerando, é só perguntar para um negro se ele já viveu a situação de ver alguém atravessando a rua quando estava na mesma calçada que ele ou se um segurança já ficou no encalço dele numa loja de grife.

Pra ter sua voz ouvida como tenho a minha hoje, é preciso ser firme, é preciso estudar nessa faculdade, aprender a matéria e em seguida lecionar a quem ainda não aprendeu. Posso citar aqui como exemplo alguém que visivelmente foi um ótimo aluno na faculdade da vida e que por isso hoje dá aula para outros tantos milhares: o colega Lázaro Ramos, um baita ator que é filho de uma empregada doméstica e não viu até a idade adulta o termo "negro" no vocabulário da família. Ele escreveu um livro em que celebra as raízes da nossa pele e enche nossa raça de autoestima e amor por si mesmo. Só que ele aponta a verdade nua e crua dizendo que os abismos são gigantescos.

Hoje tem um ou outro dentro da favela que estuda em escola mais bacana. A maioria é escola de comunidade que fica muitas vezes quinze, vinte dias fechada em virtude de confrontos. Não é greve, mas não tem aula. E você se acostuma com essa realidade.

A gente se acostuma, mas fica indignado. Nasce sem dinheiro, mas não tem medo de ficar sem, porque sabe que não se perde o que não tem.

Na favela, é comum deixar tudo no solavanco e vencer com o mecanismo que se tem. Mas não pode se acostumar e achar o anormal normal, ou pensar que a falta de resultado é comum e se acomodar, sem se movimentar.

Não é normal estar na pior condição.

Não é normal ter goteira na sala.

Não é normal se acomodar com isso.

Se você se acha o anormal "normal", você acaba parando de se incomodar com várias coisas que te causam indignação. E posso lhe assegurar que o que vem salvando uma parcela dessa gente é a faculdade da vida, onde você aprende que precisa desenvolver uma visão crítica pra não ser mais um no meio da boiada. Tanto na favela quanto em qualquer lugar, crescer exige que se questione, que se critique, que se enxergue, que se aponte – tanto as contradições quanto as soluções.

Nisso a favela nada de braçada.

Bom, já deu pra notar que se você não gosta de estudar, esquece essa parada de vencer!

Pois como bem diz no nome, é faculdade da vida, ou seja, todos os cursos duram a vida toda. Enquanto viver, é preciso estar estudando, aprendendo e repassando, sendo aluno e professor, se formando e formando outros, até chegar o dia que, por fim, alguém diz aquela frase que ninguém quer ouvir, a famosa "descanse em paz".

E, ainda ali, a faculdade da vida nos ensina. Ensina que não somos eternos e ninguém ficará para a semente, mas também ensina que cada um de nós deixa, ao partir, um livro escrito, e que ele servirá como base para tantos outros que virão depois de ti, e que terão sua vida como referência de erros ou acertos.

E se o morro é onde se cursa tudo isso, pode apostar que os alunos dessa faculdade, se aprovados, defenderão eternamente a tese de que a favela venceu.

EU TIVE QUE ENFRENTAR MUITO LEÃO PARA CHEGAR EM DETERMINADOS LUGARES, MAS QUANTO MAIS RÁPIDO VOCÊ ENTENDE QUE TEM QUE ENFRENTAR ESSES LEÕES, MAIS RÁPIDO ENFRENTA E SEGUE EM FRENTE.

SEJA A ESTAÇÃO TERMINAL

A favela te ensina que você vai acordar e vai levar porrada. Vai levar chute, soco, pontapé. Por telefone, virtualmente, pela televisão. Por todos os lados você vai se sentir bombardeado. Como se todo mundo estivesse mal-intencionado, como se a vida tivesse elegido você aquele dia pra ser saco de pancada. Nesse dia você vai cair. E eu te digo por experiência própria, que vai cair e sentir o baque do chão duro. Não vai ter tapete fofinho pra te segurar. Sangue e suor escorrendo da boca, medo. E quando achar que acabou, vai sentir ainda mais chutes.

Você vai olhar pra si mesmo, talvez com pena, raiva ou certa indignação, mas vai sentir que está ali na merda e não foi dessa vez que te pararam. Mesmo sentindo dor, você vai se levantar e tentar ficar de pé. A princípio vão tentar te derrubar mais uma vez, mas você está cheio de vida, tá com sangue circulando, tá com as veias saltadas nos olhos, tá decidido a não deixar que nada nem ninguém faça isso com você mais uma vez. Você vai lamentar a afronta que recebeu, respirar fundo, e partir pra mais um dia de batalha.

Na favela, essa é a ordem do dia. Entender que dói, mas fortalece. Entender que a dor do crescimento vai te rasgar por dentro, mas vai fazer você dar um salto de desenvolvimento inacreditável.

Eu cresci desse jeito e vou te contar uma coisa: conforme vamos expandindo nossa mente, mudando nosso comportamento, tratando as pessoas da maneira como gostaríamos de ser tratados, percebemos que o resto do mundo não cresceu com a gente. Que o mundo tá cheio de gente infantilizada que só sabe receber e repassar porrada. Que não consegue ser a estação terminal dos problemas.

Pra crescer, você precisa não responder uma ofensa com outra ofensa. Se você recebe uma ofensa e responde, você se torna o ofensor. E eu te digo mais: mesmo que você saiba que precisa daquele emprego, se quem te ofende é o seu chefe, tem que entender que sua necessidade não precisa ser maior que a sua moral.

Respeito se mostra, se carrega na alma. As pessoas mais respeitadas que conheço transpiram respeito porque respeitam as outras. São pessoas que não brincam com as emoções e os sentimentos dos outros. Simplesmente entendem que na frente delas existe outro ser humano com suas necessidades e valores, e que todo mundo merece respeito. Todo mundo, independentemente da raça, da cor, ou da classe social...

Na favela, aprendi sobre ofensa sendo ofendido. E também como ser ofendido sem ofender. Você não imagina o quanto de coisa já ouvi por causa da minha cor, da minha origem e do meu trabalho quando eu era pedreiro ou vendedor de água. Já ouvi, mas entendi que precisava ser a estação terminal daquele tipo de coisa, ou seja: aprendi a ser ofendido sem ofender.

Só que a maioria das pessoas explode quando é ofendida, e essa explosão precisa ser controlada.

A favela já é ofendida por ser favela. A gente não tem opção. Nasceu no meio da ofensa, da humilhação. Vê o preconceito desde que nasceu e sabemos que as pessoas nos tratam de forma desrespeitosa. Todo mundo que nasce na favela já entende que está numa situação diferente. Historicamente somos ofendidos se saímos na rua, somos mal tratados na blitz. Temos que lidar com caridade e correção.

E isso fez com que a gente desenvolvesse uma resiliência muito maior para os problemas. A vida bate muito mais na gente, mas a gente não revida. Você vai dando a face porque, caso contrário, você se torna igual a quem te ofendeu.

Quando eu digo para ser a estação terminal da ofensa, é porque entendo que temos a oportunidade de crescer quando somos agredidos. Uma vez que a pessoa não responde ao agressor da forma que ele queria que respondesse, isso já deixa interrogações. Afinal, apenas ao agressor interessa o ambiente da agressividade, pois somente ali ele consegue sobreviver.

Porque o comportamento do agressor não pode fazer com que você mude a sua essência de vida. Você sabe como deve ser tratado e não vai mudar isso.

O favelado aprendeu a não ser preconceituoso com quem tem preconceito, e isso aprendemos na tora. Costumo dizer que é fácil entrar na escola, aprender matemática e depois falar sobre a mesma, mas só sabe falar de fome quem passou fome, só sabe falar de sofrimento quem sofreu de fato, só sabe falar de humilhação quem de fato foi humilhado. E aí você aprende que não devolve fome com fome. Não se ensina nada deixando ninguém com fome.

Porque você entende que sabe lidar com a fome quando mata a fome de outro. Sabe que aprendeu com a humilhação quando se indigna com outra humilhação, e corrige aquela humilhação sem humilhar. Simplesmente dando exemplo e mostrando como se faz.

Com sofrimento é a mesma coisa. Você só pode falar de sofrimento se tiver sofrido alguma coisa e esse sofrimento tiver te causado uma dor para que você falasse sobre aquilo.

O favelado é o que ele viveu. E o que ele viveu foi dado pela vida. No caminho, ele foi aprendendo para não devolver com a mesma moeda.

Crescer é ser maior que quem te humilha e não responder a humilhação. É ser ofendido e se colocar maior que quem te ofendeu, não respondendo com ofensa, porque senão você se iguala e não cresce. Se você sentiu a dor e respondeu com outra dor, você não cresceu. E a favela ensinou isto pra gente: quem causa dor acaba recebendo dor em dobro, e é melhor aprender com a dor e entender que dói mesmo, mas acima de tudo você não pode devolver em dor. A dor você tem que transformar em anticorpo e agir de tal maneira para que aquela ofensa pare em você.

Você precisa decretar: "Eu vou parar a ofensa aqui". Porque dói ser ofendido. Ninguém gosta. Dói ser pisoteado, machucado e ferido, mas a gente não cresce conforme recebe ofensa. A gente cresce quando se torna a parede para a ofensa. Quando mesmo cansado de ser saco de pancada de todo mundo, você persiste e não devolve a ofensa que foi recebida.

A vida vai te jogando no chão, mas você vai se levantando e, com o tempo, a vida diz: "Deixa pra lá. Ele vai se levantar. Ele vai cair, mas ele vai se levantar". Eu entendo que tem hora que você tem vontade de jogar a toalha. A ampla maioria das pessoas é assim: a gente tem uma pré-programação de que aquela dor não vai passar.

É verdade que muita gente tem a clara intenção de te pisotear, só que se você insiste em se levantar, essas mesmas pessoas vão perguntar a si mesmas: "Como ele está suportando?".

E aí, meu amigo, é como se um milagre acontecesse. Você vira referência para as mesmas pessoas que um dia fizeram questão de te humilhar, ofender, derrubar, sacanear. É a partir dali que elas começam a te acompanhar, e mesmo que nunca lhes admitam isso, passam a ter por ti uma admiração ímpar a ponto de, no seu mais íntimo canto, perguntarem-se: "Como eu consegui passar tanto tempo julgando essa pessoa?".

As pessoas começam a perceber que, se elas fazem o movimento de se levantar, em vez de ficar distribuindo socos pela vida, sempre na defensiva, revidando, é possível seguir em frente, porque a negatividade para nelas. Essas pessoas são a estação terminal dos problemas.

Você pega o caso de Jesus Cristo. Sendo Cristo "o cara", por que ele permitiria que o pregassem na cruz? Ele permitiu ser pregado na cruz e deixou lição para um monte de gente.

O nosso cotidiano está cheio de exemplos de que somos a imagem e semelhança do filho de Deus. Tomamos pedrada o tempo todo e precisamos ressurgir das cinzas para ver o quanto doeu quando fomos apedrejados.

Da mesma maneira, aquelas pessoas que te apedrejaram começam a te seguir também para entender como você conseguiu passar por aquilo sem se igualar, como você tomou tanta porrada e não devolveu da mesma maneira. E, com o tempo, você percebe que aquelas pessoas que te apedrejaram nem tem culpa disso. Elas são só o reflexo de uma galera que não conseguiu aguentar a pedrada que tomou, e repassaram a pedrada dando mais dela. São reflexo do que fizeram com elas, mas não tiveram discernimento pra brecar aquilo tudo.

Mesmo que você tenha tomado um monte de pancada, seja sempre a estação terminal de qualquer atitude infeliz. Digo e repito: seja sempre a estação terminal de qualquer tipo de dor. A estação terminal é onde aquilo para. Não tem conexão, ponte, escala. É ali que chega, e é ali que fica.

Porque quando você se torna estação terminal, as coisas chegam e param por ali. Você não fica plantando ódio, destilando ofensa, fofoca, maldade. Você interrompe um ciclo de destruição e começa a viver de forma diferente. Começa a mostrar na carne seus machucados e cicatrizes, mas sem escancarar a dor, sem mutilar os outros, sem espremer o sangue e ficar ali gritando pra todo mundo ir ver seu sofrimento.

A vida não é fácil, e a gente é forte por deixar a lágrima cair. A gente costuma dizer na favela que cada lágrima que já rolou fertilizou a esperança da nossa gente, por isso toda dor valeu a pena. E o fertilizante é essa lágrima porque ela fertiliza a árvore da fé e da esperança dessa gente.

Então, amigo, aceite a posição de aluno e leve esse ensinamento da favela consigo. Use a lágrima como fertilizante e um dia você vai ensinar com a dor que lhe causaram.

Se você responder na mesma moeda, você é parte disso.

Não é fácil apanhar sem bater de volta, e se você estudar quem está ofendendo, vai ver que aquela pessoa está fazendo isso porque foi ofendida, mas ela não sabe que tem que parar pois ninguém lhe falou que ela tem que ser estação terminal.

Você tem que ser estação terminal da ofensa, da paralisia, do comodismo.

Você tem que ser estação terminal.

E aprendendo a ser estação terminal, você também aprende a chorar pra colocar pra fora a dor. Aprende que não vai passar fácil, e que ser o muro de contenção de tudo é a solução para que essa mesma dor que te atingiu não alcance os seus e não se prolifere.

E, mais uma vez, a favela vence quando entende que a lágrima que cai, fertiliza a gente. E deixa a sua estação terminal mais forte, mais bonita. Ela deixa de ser um ponto final e passa a ser um ponto de partida.

Um recomeço.

A FACULDADE DA VIDA NOS ENSINA QUE TUDO QUE ALGUÉM QUERIA TER NESTE EXATO MOMENTO É UMA VIDA IGUALZINHA À QUE VOCÊ TEM.

O QUE TEM PRA HOJE

– É o que tem pra hoje!

Essa talvez seja uma das frases mais usadas na favela, e eu vou te dizer que pode ser a frase que vai te salvar de si mesmo.

Quando você sabe "o que tem pra hoje", você tem consciência, a sua ficha cai e você entende seu tamanho nem pra mais nem pra menos. Olha pro amanhã e diz: "Isso não pode me representar".

Então, você aceita o que tem pra hoje no hoje, e luta para melhorar o amanhã, já que reclamar não coloca comida na mesa.

As pessoas precisam entender que existe o mundo ideal, onde a criança tem café da manhã, almoço, lanche da tarde e jantar, com bolacha e leite à vontade nos intervalos. Mas existe também o mundo real, que é feito do que tem pra hoje, do que dá pra comprar no hoje. Penso até que nisso a favela tem muito o que ensinar, uma vez que isso pode ser transferido para tudo. Todas as classes sociais precisam entender.

O conceito que quero criar aqui não tem o objetivo de vitimizar. É olhar e perguntar a si mesmo: "O que posso fazer diante dessa situação de hoje?". Por isso eu falo tanto em girar sua engrenagem com o mecanismo que você tem, onde você estiver. O favelado entendeu isso rápido. Ele pega o mecanismo onde está e gira. Mesmo sabendo que aquilo pode ser injusto, ele quebra a injustiça e vê o que dá pra fazer "apesar" da injustiça. Ele sabe que não merece passar por aquilo e não quer mais passar por aquilo, só que entende que ficar sentado reclamando daquela injustiça não vai adiantar nada. Aquilo é o que ele tem pra hoje, é o que dá pra fazer no hoje e se não fizer nada, vai ficar com aquilo para amanhã, e depois, e depois.

O ser humano sucumbe à depressão quando só foca no desafio ou no problema, e não consegue sair disso. Ele fica ali naquele ponto e esquece que pode usar aquele desafio como oportunidade. A mulher não tem opção de levar o filho pra creche se ele chora. Aquela pessoa às vezes teve um filho aos 15 anos e o pai vazou. E é ela e o filho e o neném que nasceu de outra relação. Ela vive pelos filhos e faz das tripas coração para que tenham o mínimo necessário em casa.

Como minha mãe, que viveu a vida toda com um bisturi na cabeça. Talvez você ache essa história absurda, mas para quem leu meu primeiro livro, *Pega a visão*, em que conto minha trajetória, conto como depois de uma operação muito complicada ela se viu com um pós-operatório ainda mais complexo, e descobrimos que tinha ficado um bisturi na cabeça dela. Não tem como lamentar, culpar o médico, buscar responsabilizar alguém por aquilo e se indignar. Você pode fazer isso *também*, só que tem que ver o que fazer diante dessa lamentação toda para não perder tempo, porque a situação ruim é só o que se tem pra resolver hoje.

Favelado é craque em se virar nos trinta sem nunca ter ouvido falar em produtividade. Ele não tem especialistas dizendo o que tem que fazer. Ele não aprende como gerenciar o stress. Não tem alternativa: ou entende que é um ritmo insano, ou vai ficar parado pra sempre.

O cara sai de Guaianazes sabendo que tem enchente alagando São Paulo toda, mas ele precisa chegar no trabalho. Ele não pode perder aquele dia de trabalho e dá um jeito. Não dá pra dar desculpa, ver noticiário, cancelar compromisso. Ir assim mesmo é a única alternativa. É o que tem pra hoje. O jogo é no dia a dia, e essa pessoa que faz o corre sabe que além do emprego ela pode perder o almoço de amanhã se tiver um tufão lá fora, e aí ela vai dar um jeito de sair de casa com dignidade.

Esse povo tá cansado de saber que não pode se dar ao luxo de ficar um dia sem trabalhar, e entende como ninguém, como se faz tanto com tão pouco. Com tão pouca oportunidade, tão pouca condição, nenhum acesso... Essa pessoa que tá na favela nunca ouviu falar em propósito, mas ela sabe que o dia tem 24 horas pra todo mundo e que crescer dói, e ela vai crescer na direção daquilo que ela acredita sem saber que está cumprindo o seu propósito.

Só que na cidade, longe desse barulho todo da favela, as crianças já nascem e são acostumadas a ganhar as coisas. Os pais não falam pra elas sobre lutar. Nascem e já se enchem de mimos. Muitos desses vão arrancando seu instinto. Se a criança ameaça chorar, por exemplo, já corre a mãe, uma babá, o pai e outros pra cima pra saber o que está acontecendo. Mermão, na favela a gente tem que parar de chorar é sozinho. Ali, as mães não têm babás ou empregadas. Muitas vezes são mães solteiras e não têm apoio de ninguém. Ali, a mãe deixa o filho chorando porque é ela mesma que vai dar um jeito de lavar as roupas, arrumar a casa e fazer todas as demais tarefas. E ela não tem como fazer tudo isso com o filho no colo. E aí essa criança entende que aquilo é o que tem pra hoje, com o tempo ela para de chorar, e de quebra não fica mimada demais.

Já em outras classes, com meses de vida a criança já tem um tablet, com 5 anos, um *smartphone*, e um *video game* antes dos 10. Isso não prepara ninguém pra vida. Entendam uma coisa: se não tem desafio, não tem preparo. Se você não é testado, você jamais dará valor ao teste. Tudo na vida necessita de teste. E olha que de testes e desafios eu entendo, hein. *Video game*, por exemplo, eu só fui ter um depois de casado. Mas as lutas de *video game* não vêm ao caso: são os desafios da vida real que fazem você passar de fase, que fazem você entender que cada dia traz uma luta e que só se passa pro próximo desafio quando se luta muito, quando se luta a luta que se tem pra hoje. Porque amanhã virá outra. E depois outra.

As pessoas estão ganhando coisas e perdendo a ideia de como se faz para lutar e conquistar. Não aprenderam o que é passar de fase e por isso estão estagnadas.

Sem perceber, os pais estão contribuindo para acabar com a frase "verás que um filho teu não foge à luta". Esses pais estão literalmente afastando seus filhos das lutas e jurando que estão fazendo a coisa certa.

As pessoas se indignam e agem de acordo com sua indignação. Acabam virando professores dessa indignação. E é necessário se indignar o tempo todo, porque certas coisas não podem deixar de causar indignação. O favelado precisa acordar para isso, e lá fora o povo precisa entender qual a diferença entre vitimismo e falta de oportunidade. É importante saber que uma coisa é vitimismo e outra é falta de oportunidade, e que a indignação é justa quando a gente percebe a desigualdade.

Vou exemplificar uma situação de vitimismo: é ver dentro da comunidade um jovem cheio de saúde que, em pleno meio de semana, às dez da manhã, está jogando *video game* e reclamando por não querer comer dobradinha. Dobradinha essa que foi a única coisa que o pai conseguiu comprar, pois esse pai, diferente do filho, sai todos os dias para a labuta, com o único objetivo de fazer a parte dele e, com um salário mesmo que mínimo, pagar todas as contas e comprar ao menos uma mistura para que o almoço não tenha apenas feijão e arroz.

Ou seja, dobradinha foi o que deu pra comprar, é o que tem pra hoje. Então você há de concordar que se esse jovem é saudável e já tem idade para trabalhar, mas opta por ficar em casa no *video game*, em pleno meio de semana, em vez de sair para lutar por algo melhor, ele está, sim, se vitimizando. Porque ele reclama da dobradinha, mas não renuncia ao *video game* pra poder comer o que quer. Quer tudo ali de mão beijada. Quer algo diferente do que tem pra hoje, mas quer isso sem renunciar a nada.

Outra coisa é a oportunidade. Ela é criada e pode inclusive ser motivada pelas indignações. O mesmo jovem que não quer comer dobradinha, já permite o cair da ficha e aceita que aquilo é o que tem pra hoje. Mas movido pela indignação ele resolve dar um basta naquilo e diz a si mesmo: "Amanhã eu vou comer carne, custe o que custar". E é nessa hora que ele olha para o *video game* e enxerga ali a carne, vê que se ele vender o *video game* ele pode comprar a carne e ainda lhe sobrará dinheiro o suficiente para começar algo que lhe permita continuar comendo carne. Ele enfim entende o que é renúncia, entende que nem sempre vai dar pra ter tudo ao mesmo tempo, entende que a vida é assim e que se quiser dias melhores, que lute por isso. Aflora nele o "verás que o filho teu não foge à luta" e enfim ele acorda pra vida e vai. A partir dali ele muda sua postura e passa a ser grato. Aceita o que tem pra hoje, mas por dentro já pensa em uma forma de amanhã poder ter algo melhor.

Uma terceira coisa é a falta de oportunidade de comer sequer a dobradinha. Por vários fatores aquela família passa por dificuldades e nem consegue comprar a dobradinha. Esta não está se vitimizando. Não adianta falar para ela preparar a mente, fazer um curso. Ela paga 450 reais de aluguel no barraco, ganha um salário mínimo pra limpar o chão de uma madame na Zona Sul, compra o básico do básico, e se precisar fazer coisas que fogem do planejado, como ter acesso a um remédio, não pode. Nesse caso não pode se dar ao luxo de adoecer, porque não pode parar um dia sequer.

Só que a maioria das pessoas não entende a diferença entre uma condição e outra, e acha que todo mundo tem as mesmas condições e oportunidades. A família que tem que se virar nos trinta não está se vitimizando. Essa família é de verdade uma vítima. Não adianta ela pensar em prosperidade quântica pra visualizar uma vida de riqueza. Ela não tem mais de onde tirar força e tempo. Está no limite do limite e ainda tem que aturar alguém vir na frente dela e dizer que está se vitimizando.

E aí me aparece uma galera que se diz especialista nisso e naquilo e vem querer falar que tudo é *mindset* e depende de você. O que esses especialistas nunca fizeram foi pisar na lama, se misturar a famílias como essas, ver os números, ver como se dá a vida ali naquela circunstâncias pra enfim entender que esse papo de *mindset* é lindo, mas não se aplica a todos. É fácil falar disso estando por trás de um teclado de celular, mas na prática é outra realidade, o buraco é bem mais embaixo. No caso dessa família, não existe vitimismo, só ela própria sabe onde seu calo aperta e só ela sabe que não escolheu aquela vida, não escolheu ter que viver com o mínimo do mínimo, mas que naquele caso é o que tem pra hoje, então é agradecer por ter ao menos o mínimo e seguir a luta diária.

O jovem de favela que não teve condição de estudar e tenta chegar no trabalho sem tomar enquadro se revolta, porque vê que não é fácil sair de onde ele vem. Ele tenta um, dois empregos e é substituído pelo amigo do filho do patrão. Ele tenta se integrar e percebe que o Brasil não integra ninguém, principalmente se o cara for da favela.

No caso dele, ele não se vitimiza. Ele não tem oportunidade mesmo. Aquela é a realidade que ele tem pra hoje.

Se indignar contra uma situação é diferente: é entender que aquilo não pode ser normalizado, trazer à tona pra discussões e, ainda indignado, andar e encontrar brechas para seguir em frente com as ferramentas que se tem hoje, fazendo o mecanismo girar para não ter que olhar pro lado e ouvir alguém dizer: "Ah, você não sai do lugar porque se vitimiza".

Já conheci muita gente na favela e gente de bem que tá indignada, mas não deixa a peteca cair. Já vi gente vendendo um pedaço de papel higiênico na fila de banheiro público num bloco de Carnaval. Atitude e visão foi o que esse povo precisou para dar o primeiro passo. Muitos não teriam coragem e ficariam com vergonha, mas eles fizeram o que chamo de olhar onde todos estão olhando e enxergar o que ninguém viu. Eles enxergaram o que tem pra hoje.

E o favelado vence todos os dias quando acorda e é grato ao que tem pra hoje, mas ao mesmo tempo se indigna e se pergunta o que pode ser feito para que amanhã seja melhor. É a incansável corrida diária do recomeço e de enxergar oportunidades novas.

Quem faz isso são os vitoriosos, e de novo a favela vence.

O QUE É VENCER PRA VOCÊ?

FAZER COM É MELHOR DO QUE FAZER PARA

Um dia fui visitar a casa da Fátima, do Morro da Ventosa, e ela estava cozinhando uma panela grande de mingau. Fiquei surpreso com a quantidade e perguntei se ela estava fazendo pra vender, e então ela disse:

– Rick, estou fazendo pros filhos das vizinhas comerem junto com meus filhos, pois sei que eles gostam e as mães não têm condição de dar. Além disso, meu filho fica muito mais feliz comendo com a molecada do que sozinho.

Abri um sorriso e entendi que o que ela fazia era uma grande revolução. Porque na favela "fazer com" é melhor que "fazer para". Ali não se cozinha para os filhos, cozinha-se para eles comerem com os amigos.

A galera do morro dá aula de "fazer com". Ali, a gente faz as coisas junto para unir forças. É então que a galera percebe que juntos somos mais fortes, e por isso vem a ideia de comunidade que é "com unidade".

Quem não perdeu a essência "faz com", quem perdeu "faz para".

Cara rico acha que o outro tem que fazer para ele porque o mérito é só dele. Contrata alguém como prestador de serviço e manda que seja feito. Não quer fazer com ninguém. Ou faz sozinho, ou manda alguém fazer do jeito que quer. A "parceria" e o "tamo junto" não existe ali.

Mas fazer com é bem melhor. Eu me lembro que quando fazia coreografia em uma aula de um grupo cultural e achava que deveria estar na frente pra ver e ser visto, e com o tempo entendi que precisava ser parte da equipe, não interessa se estaria na frente ou atrás, porque a nota é da equipe e do grupo. No trabalho em grupo você não dá nota para quem está na frente ou quem está atrás.

O interessante da situação é jogar em equipe. Eu percebi isso quando o meio foi parabenizado por segurar o rojão de um grupo, mesmo a frente estando errada. A segunda fileira da coreografia passou sem ensaiar e tomou a rédea daquela situação. Ali notei que em uma equipe você não precisa ser responsável pela vitória, mas precisa ser predominante para que ela aconteça.

Eu trabalhei anos em construção civil e meu olhar clínico me levou a notar que a maioria dos engenheiros não falam que o pedreiro faz o prédio com ele. Ele diz que o cara faz para ele. E pode parecer uma bobagem, mas posso lhe assegurar que não é, pois esses pequenos detalhes acabam levando a um entendimento de diminuir o outro.

O outro não trabalha comigo, ele trabalha para mim.

Só que, na favela, a gente dá aula de fazer junto. Tem uma laje pra bater? Não se paga amigo pra bater laje na favela. A galera vai lá e bate laje. E o detalhe é que eles não foram fazer para o fulano, mas sim com o fulano, coisa que o resto do mundo não entendeu, porque não consegue perceber que fazer junto é o que faz a diferença.

Eu consigo entender por que na casa do rico nem sempre tem tanto calor humano como temos na favela. Porque o rico está isolado. Ele não tem parceiros de verdade. Tem pessoas que estão ao lado dele se ele tiver alguma coisa a oferecer, se ele tiver uma moeda de troca. Coisa que não existe na favela, onde as trocas são genuínas.

Todas as classes sociais precisam ter essa aula, porque quando existe o conceito de comunidade, as pessoas sempre estão engajadas para buscar o melhor resultado, e um não está feliz se sabe que o outro está passando necessidade.

Quando fazemos uns com os outros, não nos sentimos tão sozinhos com nossos problemas, medos e desafios. E isso não acontece quando a demanda vem de cima, porque a entrega é diferente e o grupo não se fortalece.

Gosto de dizer que quem trabalha em equipe trabalha melhor e vai mais longe, e isso eu aprendi com quem rala todo dia e diz "tamo junto de verdade". Porque amigo de comunidade e de favela não te abandona no meio da tempestade. Ele nada com você e te salva se for preciso. É capaz de se afogar junto, mas nunca te deixa na mão.

E se na favela prezamos pelo "tamo junto", lá fora o que vemos é um verdadeiro "salve-se quem puder". As pessoas não podem contar umas com as outras, não fazem a menor questão disso, e se um rojão estoura na mão de alguém, os outros não querem saber se aquela pessoa vai se prejudicar sozinha, simplesmente viram as costas, deixam o cara de lado e seguem a vida.

Quando escrevi meu primeiro livro, *Pega a visão*, descobri algo muito interessante que, por mais que eu já tivesse lido tantos livros, nunca havia percebido. Essa descoberta foi a vontade do favelado em se ver em um livro, se ver contado por quem de fato tem representatividade genuína para falar de determinados assuntos. Vi que aquela gente queria, sim, ler, queria, sim, o conhecimento, o problema era a forma como tudo chegava. Eles não conseguiam se ver em quase nada, era como se muita coisa tivesse sido propositalmente escrita para não ser entendido por alguns.

Mas, de repente, eis que surge alguém dali escrevendo, e essa gente diz: "Eu nunca li um livro, mas o seu eu faço questão de ler". E eu não estou falando de depoimentos de vizinhos ou conhecidos, mas sim de pessoas de centenas de lugares deste Brasilzão, gente humilde que nem sempre morava necessariamente na favela, mas que jamais tinha tido contato com livro por não se ver ali representada.

Quando me dei conta, essa gente começou a se emocionar perante um livro, e aquilo fez com que eles quisessem mais. Veio a sede pelo conhecimento, a sede por algo que até então eles ignoravam. Veio a vontade de sair da zona de conforto, de furar a bolha, de destoar da manada. Começaram a me cobrar o segundo livro, e a me pedir indicações de outros autores que eu acreditasse que poderiam contribuir. E foi aí que eu comecei a ver livros dentro de barracos de favela, gente simples sentada na comunidade lendo e a galera falando em devorar livros.

Era a informação, o conhecimento, enfim sendo buscado por meu povo. Era o que realmente faltava a essa gente. Imaginem minha emoção de ver essa gente lendo e saber que eu tinha uma parcela considerável de contribuição para que aquilo acontecesse! Aquilo valia bem mais que tudo de material que conquistei, porque isso pode ir e vir, ter e depois deixar de ter, ganhar e depois perder, mas o conhecimento não! Uma vez adquirido ele é seu e ninguém mais tira. E se for adquirido e praticado, aí então é a junção da fome com a vontade de comer. Eu sempre acreditei que o conhecimento era algo transformador, sempre apostei muito que o mundo se divide em quem tem conhecimento e os demais, sempre fui enfático em afirmar que nada poderia nos custar tão caro quanto a falta do conhecimento. Descobrimos que o conhecimento liberta, o conhecimento salva.

Quando vi essa gente do morro começar a ler, eu imediatamente comecei a falar com eles sobre aplicar o que estavam lendo, colocar em prática. E eu entendi que não ia fazer um livro para a favela. Ia fazer um livro com a favela. Porque fazer com é melhor que fazer para. Esse povo que me inspirava, me dava conteúdo, argumento e história pra poder construir um livro novo.

O hábito de começar a ler é sim altamente valioso, mas é necessário aplicar os ensinamentos. E então eu comecei a dizer a eles que o que se lê não é o conhecimento chegando até você, mas sim informação chegando.

Na minha concepção, informação e conhecimento são coisas diferentes. A informação é tudo que chega até você, o conhecimento é o que você extrai da informação e coloca em prática. Conhecimento é apenas a parte que você absorve e pratica. Fora isso é só informação.

Comecei a dizer a eles que de nada adianta ler 2, 5, 10, 20 livros, depois postar uma foto de uma pilha deles e não acontecer nada de novo na sua vida. É necessário que depois de cada livro lido uma mudança aconteça, pois se não houver mudança a leitura não fez sentido, e se não fez sentido não gera conhecimento, gera apenas informação.

E quanto mais eu falava isso, mais eles queriam me ouvir, pois ninguém jamais havia dito a eles algo do tipo. Era como se realmente as pessoas não quisessem que eles entendessem como a coisa funcionava.

Foi aí que eu de fato decidi! Eu não posso mais parar, essa gente precisa de conhecimento e eu preciso aproximá-las disso, preciso ser parte dessa transformação, preciso continuar a falar, a gravar, a escrever. E assim surgia meu segundo livro. O livro que eu fazia com esse povo. Eu não queria escrever para, eu ia escrever com. Como sempre tinha feito. E se for feito com eles, a vitória não é sozinha. É a favela vencendo.

FOI AÍ QUE AQUELA VELHA CARTILHA, QUE NOS FOI APRESENTADA POR DÉCADAS, DE CARTEIRA ASSINADA E CONCURSO PÚBLICO COMO ÚNICAS OPÇÕES, FOI SENDO QUEBRADA SURGINDO OFICIALMENTE A TERCEIRA OPÇÃO: O EMPREENDEDORISMO.

A FAVELA CONTRA A GLAMOURIZAÇÃO DO SOFRIMENTO

No Carnaval de 2020, fiz algumas entrevistas com o pessoal que trabalha como ambulante de rua e postei nas minhas redes. Minha ideia era falar da garra do nosso povo, da coragem dessa gente.

Só que muitos que assistiram aos vídeos começaram a olhar para aquele conteúdo glamourizando o sofrimento. E foi por isso que decidi escrever este capítulo, pois penso ter constituído autoridade para fazer esse contraponto. Vamos lá!

Penso que alguns, mesmo sem intenção, estão glamourizando o caos. Explico: enquanto eu entrevistava uma menina de 19 anos que estava vendendo água nos arredores da Sapucaí pra pagar a faculdade e os olhos dela se enchiam de lágrimas dizendo o quanto era difícil passar por aquilo pra fechar as contas do mês, eu sabia do que ela tava falando.

Enquanto eu entrevistava a mulher que estava vendendo folha de papel higiênico a 1 real, mostrando que aquela era sim uma visão, porque ela não se acovardava diante da luta, eu queria mostrar que tem gente fazendo muito com pouco. Mas isso é diferente de dizer que é lindo tapar buraco.

Uma adolescente não escolheu carregar um carrinho de duzentos quilos para pagar a faculdade. E quando eu mostro o vídeo, muita gente glamouriza, os mesmos que nunca pisaram no barro.

Eu sou o cara que está mostrando esses casos dessas pessoas que estão no extremo do extremo. Eu mostro porque, por incrível que pareça, as pessoas desconhecem isso. Desconhecem a garra do povo brasileiro. Mas também desconhecem a dificuldade.

Esse cara que levanta de manhã e vai vender água só sabe que tem um fluxo de pessoas no Aterro do Flamengo, nunca ouviu falar de empreendedorismo, mas tem uma galera na internet que acha que é uma questão de escolha.

Sim! Pode ser escolha para o filho de dono de empresa que quer ser empreendedor, mas, para muitos outros, aquilo não tem nada a ver com escolha. Para muitos aquela é a única maneira de colocar comida no prato e de pagar o boleto que vence no final do mês.

Eu sempre fui o cara que deu o tapa. Nunca aliviei. A questão do não glamourizar é pra essa galera não achar que é fácil. Não é bonito o Brasil se tornar o país da pessoa que vende papel higiênico em bloco de Carnaval. Quero provocar a discussão e te perguntar o que está acontecendo pra que essa gente tenha que fazer isso.

É nesse sentido que estou falando. Todo mundo acha bonitinho essa galera ir para a rua, mas, peraí, o que levou esse povo a ir pra rua?

O que levou este país a estar da forma como está? São milhões de pessoas sem opção que estão chegando a um extremo.

Tem uma galera que fala de empreendedorismo na rede social que não representa o cara da ponta que está trabalhando por conta. E estamos normalizando e glamourizando coisas que, na verdade, precisam ser discutidas em outro âmbito.

Porque é legal não ter a crise dentro de você. Eu sou o cara da água, que teve o grito da favela ouvido. Fui gritar nas redes, nas palestras, nas livrarias, dentro de você. Mas se eu continuasse 2 anos depois sendo aquele cara da água, aí teria alguma coisa errada.

Precisamos saber que é possível dar um jeitinho, mas o jeitinho não pode ser pro resto da vida. Não é legal aquela menina carregar um carrinho de duzentos quilos na rua enquanto poderia estar estudando. É diferente a realidade dela da garota da Zona Sul. Claro que a menina queria estar debruçada nos livros, as meninas da idade dela geralmente estão debruçadas nos livros, mas se chover um dia ela nem consegue pagar a faculdade. Ela deveria estar lendo e se preparando. Porque a menina que está dormindo num teto sem goteira, em um colchão sem fungo, com ar-condicionado, está se preparando. Essa garota que está na comunidade, num cubículo, sem condições pra se virar não está lutando com condições iguais.

Não dá pra falar "que lindo". Lindo pra você. Olha as lágrimas saindo quando ela conta do sufoco de cada dia. Aquilo mostra que aquela é a única condição que ela teve para manter vivo o sonho dela de ser advogada, de passar no exame da OAB e de abrir seu escritório um dia.

Pra ela, o que restou foi ter de vender água ali. Mas é isso que queremos?

Coisas que são normalizadas pro rico, pro pobre não são.

Imagina se pessoas como ela tivessem o mínimo de oportunidade com a garra que elas têm? Se a engrenagem girasse da mesma forma pra todo mundo?

O Rick aos 7 anos de idade não sabia que não era legal criança precisar trabalhar. Não sabia que não era legal ter que trabalhar aos 7 anos de idade pra poder comer carne.

Só que eu cresci e comecei a enxergar que se tivesse a mesma oportunidade de largada, teria ido mais longe. Olha o que aconteceu com a minha vida quando tive a oportunidade de mostrar a mesma garra do "cara da água".

Uma das situações que mais me emocionaram na vida foi quando conheci o Lucão, na Praça da Bandeira, no Rio de Janeiro. O Lucão é um cara que decidiu abrir uma barbearia na rua, debaixo da linha do trem, onde, com o barulho insuportável do trem passando pelos trilhos, não dá nem pra conversar. Passei por ali e decidi cortar meu cabelo com ele, para ele me contar sua história.

O cara pegou um caixote de madeira, daqueles em que se vende frutas, e depois de ver com os moradores de rua onde conseguia aquele material mais em conta, fez uma espécie de prateleira ali e pintou na parede o serviço e o valor.

Cria do Morro do Borel, ele fez clientela entre quem passava ali, e muita gente desacreditava que um dia aquilo que parecia loucura daria certo. Mas deu, e ele tira o sustento de toda família daquela cadeira em que as pessoas se sentam. Ele corta cabelo com máquina, tesoura, higieniza o material e vai se virando como dá.

Sem estrutura nenhuma, foi um cara que não se deixou abater. Fez relacionamento e conseguiu suportar a discriminação, o preconceito, o medo, a indiferença, os xingamentos e muita humilhação, pra poder colocar comida na mesa.

A questão é que, depois de passar por tanto sofrimento e por tanta dificuldade no dia a dia, o ser humano cria uma casca e passa a considerar aquilo o corre de cada dia. Ele não percebe que é um vitorioso, mas que precisaria do mínimo de condições pra trabalhar. Embora ele não veja a crise dentro dele, ele vive uma desigualdade e uma situação tão extrema que não pode ser glamourizada, porque um vencedor desses, com a força de vontade que tem, deveria estar com o melhor ponto, na melhor barbearia, com a melhor clientela e ele consegue fazer a engrenagem dele girar do jeito que pode.

Vejo muito empresário querendo se jogar do prédio porque a conta do mês não fechou, enquanto um cara como o Lucão tá há meses buscando oportunidade, até encontrar um vão debaixo de uma linha do trem onde pode cortar o cabelo do povo que vai pegar condução.

Por mais que ele seja um exemplo de garra, isso não é justo com o ser humano, e a gente não pode se acostumar com esse tipo de situação. Não pode aplaudir e fazer do "jeitinho" o trabalho formal, porque essa tá longe de ser uma situação boa.

Esse empreendedor de rua, esse pessoal que se vira como pode, cria anticorpo pra isso porque não tem outra opção. Ou cria anticorpo ou morre. Dificilmente uma coisa abala essa pessoa. Mas humilhação tem limite.

Quantas vezes o cara que mora na favela, que chega num lugar depois de duas ou três conduções, ficando dentro de uma lata de sardinha apertada, tem que ver as pessoas franzindo o nariz porque acham que ele cheira mal. Cheiro de quem vem de baixo, cheiro de pobre.

Quantas vezes você não franziu o nariz pra essa realidade?

O filme que foi ganhador do Oscar em 2020, *Parasita*, traz bem essa situação. Uma família mora num cubículo apertado e vai trabalhar para uma família rica. A desigualdade que é escancarada o tempo todo chega a ser chocante. O rico, que reclama do cheiro do pobre, não quer que o pobre converse com ele ou que "cruze a linha", sem ter ideia do que o subordinado que trabalha pra ele enfrenta no dia a dia pra chegar a seu local de trabalho.

Não é digno que o ser humano passe por humilhações pra levar sustento pra casa. Não podemos normalizar o caos. A gente pode correr em busca de alternativas quando não tem mais jeito, mas não pode se conformar com a alternativa. Ela tem que ser um espaço pra luta e pra mostrar que dá pra fazer, mas é preciso gritar ainda mais alto e dizer: "Não é justo fazer desta forma", "não é justo ser desta forma", "não é possível que tenha que ser pra sempre assim".

Precisamos urgentemente parar de apenas aplaudir brasileiro que luta contra a fome e começar a nos perguntar: "Por que ele chegou a essa situação?". Porque o povo tá aguentando demais. Tá aguentando uma coisa que não é normal. E é preciso entender isso. Pode ser lindo ver a menina vendendo papel higiênico na porta do banheiro no Carnaval de rua, mas tem que ver por que ela chegou nesse ponto.

A favela tá vencendo e tá lutando demais. O povo da periferia tá cansado de ser ignorado na entrevista de emprego porque precisa pegar duas conduções pra chegar no trabalho e a madame não quer pagar o transporte.

Não é justo lutar por uma vaga quando se tem o menino apadrinhado concorrendo junto, pois ali a verdade é que não existe luta. A entrevista é apenas pra inglês ver, a vaga já tem dono, é do apadrinhado.

Tá na hora do tapa na mesa. Brasileiro precisa se unir, perguntar os porquês e entender que ele luta, mas ele precisa de ferramenta pra batalha. Ele luta, mas precisa de um olhar atento. Ele precisa de dignidade. É dignidade que o povo quer, não é caridade. Não é mão na cabeça. É o mínimo de condição de sobrevivência, porque não dá pra todo dia lutar por um prato de comida inventando uma história nova pra conseguir levar dinheiro pra casa de maneira honesta.

É preciso parar de achar lindo esse tipo de história. Isso é reflexo da luta de um povo. É bom pra mostrar que a gente tem sangue correndo nas veias, que não desiste e que não quer ver irmão desistindo. Mas não dá mais pra romantizar ou glamourizar essa realidade.

Essa conta não fecha. E se a favela sabe disso, mais uma vez ela vence.

BRASILEIRO PRECISA SE UNIR, PERGUNTAR OS PORQUÊS E ENTENDER QUE ELE LUTA, MAS ELE PRECISA DE FERRAMENTA PRA BATALHA.

E EU ENTENDI QUE NÃO IA FAZER UM LIVRO PARA A FAVELA. IA FAZER UM LIVRO COM A FAVELA. PORQUE FAZER COM É MELHOR QUE FAZER PARA.

A FAVELA EMPREENDEDORA

A chegada das redes sociais contribuiu para popularizar alguns termos como "empreendedorismo".

Na favela, não se usava muito esse termo, e a única razão é que ali se diz "trabalhar por conta", que nada mais é do que você pegar o que tem e onde está e girar a sua engrenagem. "Trabalhar por conta" pra gente é isso, e isso também é empreender, ou seja, a galera do morro que trabalha por conta nem sabia, mas já empreendia há anos.

Então começamos a notar que existiam milhares de empreendedores dentro do morro. Aquela tiazinha que faz pequenos reparos nas roupas de seus vizinhos e cobra pelo serviço estava empreendendo. Ela não sabia, mas cada corte e costura, cada barra de calça, cada ajuste e cada freguesa faziam dela uma pequena empreendedora. Principalmente quando pegava o dinheiro e ia comprar tecido pra inventar coisa nova para vender para as clientes, ou então chamava aquela vizinha que tinha certa habilidade e ensinava o ofício a ela para que em duas pudessem conseguir mais trabalho.

Ela virava uma empreendedora muito antes de colocar a plaquinha na porta do barraco e um sofazinho para as clientes sentarem e se verem num espelho com a roupa pronta. Essa mesma costureira que um dia conseguia formar os filhos, com sangue e suor do rosto, começava a fazer uniforme, pegar pedido em escola e abrir uma outra portinha na cidade, porque percebia que tinha jeito pra coisa.

Era assim, administrando o que entrava e o que saía, que ela ia começando a entender sobre lucro, investimento, prejuízo. E ia aumentando o preço que cobrava por cada serviço e entendendo se tinha jeito de contratar mais pessoas. Era desse jeito que ela se virava nos trinta e se orgulhava de cada passo dado. E no final da vida sentia aquela sensação de dever cumprido, com filhos e netos sabendo que a costura tinha sido mais que um dom ou ganha-pão, tinha salvado aquela família da miséria e feito daquela mulher uma pessoa próspera. Uma legítima empreendedora.

Ninguém dizia para aquele senhorzinho que tinha um pequeno sacolão onde a comunidade compra verduras, que ele estava empreendendo, e que aquela correria que mantinha tudo em funcionamento era um pequeno negócio.

O tiozinho da "Venda do Tem de Tudo" também não recebeu mentoria, injeção de dinheiro, investidor, ou teve qualquer vídeo de autoajuda pra dizer pra ele que precisava abrir as portas todo dia.

Ele sabia que precisava abrir porque se não abrisse, a mãe de 76 anos não tinha o que comer, nem os filhos de 19, nem o neto de 2. Era daquele pequeno armazém que saía o dinheiro que alimentava a barriga de muita gente. Então, na hora de fazer conta ou de começar a manhã, era ele quem fazia o café, levantava da cama e saía para a labuta. Sem cara ou jeito de empreendedor. Era um comerciante que não se deixava abater por nada. Um homem cheio de fé que não fechava um dia sequer, nem em dia de descanso, porque sabia que tinha dia que aquela vela que só ele vendia fazia falta se o cara não tivesse luz ou se a vózinha quisesse fazer uma oração pro santo dela.

O cara do depósito de gás não sabia que era empreendedor, o dono da micropadaria que sovava o pão todo dia porque tinha aprendido com seu pai, também não. O depósito de construção, a moça que faz escova, era todo mundo empreendedor.

Tinha ainda os nordestinos que vieram tentar a vida no Sudeste, alguns dos quais migraram para os morros e foram vender colchas, panelas e outros utensílios de porta em porta. Esses também eram empreendedores mesmo sem saber. O cara do carro do ovo, o do carrinho da vassoura, o mocinho do carrinho que amolava tesoura e alicates, a turma que vendia sacolé e picolé, o moço que vende pipoca e bala na porta da escola, o rapaz do lava a jato, o mototáxi, a tia da aula de reforço, o do salão... todo mundo era empreendedor. Mas muitos tinham em mente que aquilo era temporário, que era apenas um bico, uma ocupação momentânea até se conseguir algo melhor. A ampla maioria deles começaram aquelas atividades no solavanco, na tora, por falta de opção. Grande parte deles não escolheu aquilo, foi o que lhes restou. Era fazer aquilo ou ver a fome bater à porta.

Só que o favelado é assim, se é o que dá pra fazer, vai aprender a fazer da melhor forma, até porque se existe uma coisa que a gente tem é essa expertise de se virar nos trinta. Às vezes penso até que a expertise é um dos maiores valores dessa gente, pois aprendemos a usá-la para seguir.

Vamos driblando as adversidades e seguindo. Driblando barreiras e seguindo. Driblando, driblando e sempre seguindo. E, de tanto seguir, acabamos descobrindo que dá pra fazer mais, e vamos fazendo e aprendendo até alcançarmos nossos objetivos, sem reclamar do que um dia iniciamos por falta de opção e pensando que seria temporário. O tempo nos mostrou que aquilo era empreender e que empreender era superválido.

Lembro-me da história de minha amiga, dona Marta, uma senhora de 71 anos que começou a vender salgados no morro. O salgado dela era ótimo, mas ela nunca tinha feito para vender. Só que a necessidade a levou a um daqueles "e se", e ela foi. Uma senhora com idade para ser minha avó vendendo salgados na rua de porta em porta. Era difícil ver aquela cena, pois a princípio muitos ficaram até com pena de ver uma mulher que poderia estar sentada na cadeira, mas estava ali caminhando, com as veias saltando nas pernas, semblante de quem não sabia desistir e brilho no olhar. Naquela idade e sem aposentadoria, não tinha ajuda de ninguém e teve que se reinventar fazendo salgados.

Mas aquele ato desesperado acabou dando certo e ela vendeu tanto salgado que acabou se organizando e começou a receber encomendas, a fornecer para padarias e lanchonetes do morro e, de repente, aquela senhora que a princípio muitos tinham pena, estava faturando mais que muita gente na comunidade. Estava girando não apenas sua engrenagem como também empregando filhos, genro e nora.

Aí eu lhe pergunto: e se ela não tivesse tentado por se achar velha?

Mas ainda vai ter quem diga: "Ah, mas ela deu sorte", "Ah, mas é exceção da regra", "É uma em um milhão que consegue".

Mermão, aprende uma coisa: se é um em um milhão esse um tem que ser você. O mérito é todo de quem arrisca. Ela venceu porque arriscou.

Muitos achavam que trabalho sério mesmo era apenas passar em um concurso ou ter carteira assinada, e que quem não estivesse em alguma dessas duas vertentes estaria nada mais, nada menos que fazendo um bico temporário. Isso mesmo! Um bico, só pra não ficar parado e ir pagando as contas.

Mas o tempo foi passando, eles foram ficando naquelas ocupações, fincaram raízes, e isso foi mostrando àquela gente que à sua maneira todos ali já giravam sua engrenagem há anos trabalhando por sua conta, e que daquela forma bem pessoal de "se virar" eles todos sustentavam suas famílias, pagavam suas contas, compravam suas vestimentas, seus mobiliários, material escolar para seus filhos, alguns conseguiam até comprar um carro usado, outros faziam até algumas viagens.

Todo o dinheiro vinha daquele trabalho, vinha do trabalhar por conta, vinha do jeito que o favelado tinha em se virar com o que tem. E a chegada das redes sociais viria para mudar muito daquela concepção, mudar para melhor, pois começamos a ver coisas que eram feitas no asfalto, com isso os "águias da favela" começaram a querer fazer mais e foi de fato o "trabalhar por conta" que, como em um jogo de *video game*, fez a favela passar de fase e se transformar na favela empreendedora.

A princípio podia ser apenas nomenclatura diferente, mas não foi. Pois dizer "eu sou empreendedor" mexeu com o emocional dessa gente, e junto a isso veio o brilho no olhar, veio o orgulho de fazer aquilo, veio o prazer, veio a motivação, veio o sonho.

Foi aí que aquela velha cartilha, que nos foi apresentada por décadas, de carteira assinada e concurso público como únicas opções, foi sendo rasgada, surgindo oficialmente a terceira opção: o empreendedorismo.

A partir daí, o cara que tinha um salão descobriu que isso era uma coisa e barbearia era outra, e então deixou de falar apenas que cortava cabelo e passou a dizer: "Eu sou barbeiro". Deixou de falar que tinha um salão e passou a dizer que tinha uma barbearia. Esse mesmo cara começou a descer para o asfalto e fazer curso de aperfeiçoamento, buscar técnicas mais arrojadas, descobrir que se agregasse valor em seu negócio a coisa poderia mudar de figura. O mesmo cara que antes cortava o cabelo de seus chegados, descobriu que "chegado" era apenas da porta pra fora da barbearia, dentro dela era cliente. Quem cortava cabelo sem camisa passou a usar uma e quem cortava cabelo de chinelo passou a usar tênis. Vieram novas cadeiras, novas máquinas, e então de repente o morro tinha o que antes só era encontrado lá embaixo: o morro tinha barbearia. Começava ali uma transformação na mente dos jovens, e a garotada começou a querer ser barbeiro, pois as barbearias no morro começaram a ficar mais bonitas, letreiros nas portas, luzes, estilo, e com isso passaram ficar sempre lotadas de clientes.

Isso aconteceu também com as manicures, que antes faziam apenas o básico e, ao se enxergarem como empreendedoras, também desceram pra pista e foram buscar conhecimento, fazer curso, passaram a fazer outros tipos de unha e muitas se especializaram. Foi quando começaram a surgir dentro do morro clínicas de estética. Eram as mulheres faveladas que agora, diplomadas, alçavam voos mais consistentes. E o melhor: continuaram a atender dentro da favela. As trancistas seguiram a mesma linha e vieram novas formas de se fazer a mesma coisa, só que de uma maneira mais profissional.

Tem uma dessas mudanças que eu acho superinteressante, que foi o ato das garotas das comunidades que ficavam mais distantes das praias e não tinham grana pra bancar passagens pra ir e voltar. Isso fez com que essas começassem a pensar e aplicar maneiras de se bronzear dentro do morro mesmo. Foi então que a laje dos barracos ganhou novos significados para elas. A mulherada literalmente subia de biquíni para cima das lajes e começava a se bronzear ali mesmo.

A princípio, aquela nova forma atiçou a curiosidade de muitos na favela, principalmente dos homens que começaram a subir para as lajes em volta pra vê-las tomando sol, mas com o passar do tempo ficou tão comum que eles foram deixando a mulherada em paz e a coisa tomou seu curso natural, sem um invadir o espaço ou o bem-estar do outro.

A mulherada começou a pensar: *Se nos bronzeamos, podemos bronzear outras mulheres.* Foi aí que essas começaram a empreender e, de repente, lá estavam elas estudando sobre bronzeamento e aplicando o conhecimento nelas e em suas clientes. A laje virou lugar de ganhar dinheiro empreendendo no bronzeamento.

A mulherada do morro, com suas curvas torneadas pelas ladeiras da comunidade, foi percebendo que a moda só não seguia aquilo que elas procuravam. Os biquínis não as deixavam com as marquinhas que queriam tanto e achavam tão sensuais.

Era marca registrada que tivessem marquinha alta de biquíni pra mostrar por onde passassem. E a alça nem sempre subia o suficiente e nem sempre era fina o bastante para atender esse anseio.

Então, alguém teve a ideia: "E se... a gente fizesse um biquíni com fita isolante e a marquinha ficasse do tamanho que quiséssemos? Não dá pra tomar sol na praia desse jeito, mas, na laje, dá!". E foi então que as filas começaram, e a ideia deu tão certo que virou negócio lucrativo e a moda se espalhou por todos os cantos, inclusive entre outras classes e personalidades de várias partes do mundo.

Era a mulherada do morro que a princípio só queria pegar uma corzinha, passou a ganhar dinheiro empreendendo com suas descobertas. A tal descoberta foi pra televisão, para as redes sociais e de repente o povo se viu representado até em videoclipe de cantora famosa. A própria Anitta, que por sinal é cria do subúrbio, fazia alusão ao bronzeamento na laje que era moda na favela.

Os grafiteiros são outro exemplo disso. Esses caras viram a arte do grafite como uma oportunidade e foram se especializando até chegarem a um nível de excelência digna de ser reconhecida mundo afora, e o resultado disso foi que hoje temos em vários países verdadeiras obras de arte de grafiteiros brasileiros nascidos na favela.

Toda essa mudança fez com que a galera do morro, que antes se escondia, passasse a se mostrar. A galera que antes era vista como feia, passasse a se enxergar de uma outra maneira, até porque como disse, a chegada das redes sociais fez com que essa galera também passasse a querer se mostrar.

E essa transformação de barbearias, clínicas de estética, trancistas, manicures, bronzeamento, grafite e outros, foi contribuindo com o levantar da autoestima daquela gente. A mudança era visivelmente positiva e uma coisa puxava outra.

Favelado começou a ousar criar suas próprias marcas de roupas, criar feiras para expor seus produtos, abrir lojas.

Quem sabia fazer bolo começou a fazer pra vender, quem antes só fazia docinho para as festas de casa também começou a fabricar para vender e tudo aquilo ia nos mostrando que existia dentro do morro uma infinidade de saberes que faculdade nenhuma ensina. Se virar com o que tem poderia se tornar algo promissor.

Era a favela se vendo de fato como empreendedora, eram as crias de favela criando coisas que depois seriam copiadas pelo povo do asfalto. Era nossa gente empreendendo. E se empreender é vencer, logo mais uma vez era a favela vencendo.

Só que o favelado é assim, se é o que dá pra fazer, vai aprender a fazer da melhor forma, até porque se existe uma coisa que a gente tem é essa expertise de se virar nos trinta.

SEM EDUCAÇÃO FINANCEIRA, SEM CHANCE

Aquele barulho todo de empreendedorismo fez com que a galera do morro começasse a ter um olhar mais atento, e foi aí que percebemos uma das maiores armadilhas que nos colocaram desde sempre: ninguém nunca falou com o morro sobre educação financeira. E essa pra mim é uma das maiores sacanagens contra a favela, pois sem educação financeira ninguém tem a menor possibilidade de conseguir chegar a lugar nenhum, a chance é, literalmente, zero.

Nos ofertaram desde sempre um estudo básico, mas bem básico mesmo. Se bem que, na verdade, ouso chamar de semibásico, pois penso que ele há tempos já não representa nem o que chamamos de "a ordem do dia". Tudo evoluiu, menos o estudo que é ofertado em uma escola de comunidade. Eu me coloco no lugar do professor que leciona pra essa gente, sempre tentando trazer algo inovador, atual, mas é sempre travado por um sistema engessado e que dá claros sinais de que a ideia é justamente passar apenas o basicão e ponto. Como se estivessem nos dizendo: "O que tem pra vocês é isso aí".

Mermão, não dá pra aceitar uma escola pública que, em pleno ano de 2020, ainda não fala com seus alunos sobre educação financeira. Isso é praticamente um crime contra essa gente que precisa aprender a lidar com dinheiro desde bem cedo.

Mas como lidar com dinheiro se nem a matemática é básica? Como fazer a lição do 1 + 1, se quando se está dentro de uma escola é preciso pintar no telhado "escola, não atire", para que durante os confrontos uma criança não seja fuzilada e depois alguém simplesmente vá à imprensa e diga: "Infelizmente, nós confundimos a escola com um ponto".

Às vezes me pergunto: qual é a pegadinha? Qual é a real intenção de não nos falarem sobre isso? Será que é proposital? Será que é pra não desvendar o segredo? Será que alguém teme o fato da gente aprender a lidar com dinheiro e aí começarmos a errar menos e, consequentemente, depender menos? Será que o sistema muda se a favela se levanta e não abaixa mais a cabeça?

Perguntas como essa não param de borbulhar em minha cabeça.

Mas como não somos tão leigos como muitos pensam, fomos notando isso nós mesmos, e essa chegada do empreendedorismo foi nos forçando a avançar para não perder mais pra ninguém.

E foi aí que começamos a dizer: "Já que ninguém nos falou sobre educação financeira, bora lá procurar aprender na tora e começar a aplicar nos negócios da comunidade".

Metemos a cara em livros, canais de YouTube, páginas na web, fomos pra cima em busca da informação. Aquela busca por informações sobre educação financeira foi árdua, pois a ampla maioria das pessoas que falam sobre esse tema sobe muito a régua, e aí fica parecendo que esses também excluíam a favela, suas colocações eram quase sempre para quem já tinha algo. Isso fazia com que a favela tivesse dificuldade de encontrar artigos ou conteúdos condizentes com a realidade local. Mas por outro lado, usávamos nossa arte de reverter para nossa realidade, líamos tudo escrito da forma deles e depois trazíamos para nossa.

Com isso, fomos desvendando mistérios como calcular salário, dividendos, ativos, passivos, lucro, despesas, capital de giro etc. E com isso vieram nossos espantos:

– Cara, como assim?

– Como ninguém falou isso pra gente?

– Se soubéssemos dessas coisas estaríamos melhores!

Fomos vendo que não era algo complexo e começamos a aplicar tudo que aprendemos, contando um para o outro. A novidade a princípio assustava, pois a galera sempre achou que todo dinheiro que entrava era lucro, e aí quando começamos a falar que não era bem assim, foram vendo que não ganhavam tanto quanto imaginavam.

Aquilo foi um choque, pois o cara da barbearia que atendia dez clientes por dia pensava que ali ganhava 200 reais e logo torrava tudo, e no outro dia tinha que começar do zero. A educação financeira mostrou a ele que se ele não mudasse, também não avançaria. E foi aí que essa gente foi mudando, começaram a gastar menos do que ganhavam. A princípio não gostaram, pois a impressão era que tinham menos dinheiro, mas com o passar do tempo foram notando que era justamente o contrário, que era a forma que estava errada.

O imediatismo estava fazendo com que eles tivessem pressa para chegar no dinheiro, e isso fazia com que errassem muito. No morro, temos o hábito de querer tudo pra ontem, e isso é fatal para nos afobarmos e metermos os pés pelas mãos.

A educação financeira trouxe o pensamento de longo prazo e eles foram entendendo que aquela era a maneira correta de fazer as coisas. Tudo aquilo era difícil, pois a realidade na comunidade é outra, irmão. Ali se trabalhava durante o dia pra comer à noite. Essa parada de poupar era muito bonita, mas na prática não dava pra fazer tão bem. Mas favelado é perito na arte de se virar, e aí fomos vendo que teríamos sim que nos sacrificar para aprender a fazer aquilo, por mais difícil que pudesse parecer.

Mermão, essa tal de educação financeira foi a descoberta mais incrível que poderíamos ter. Era quase que uma segunda libertação, algo que se aplicado poderia, sim, nos conduzir a outros degraus. Entendemos que a educação financeira não era algo que veio para nos brecar, mas sim para nos permitir avançar sempre com os dois pés cravados no chão. Ela nos ensinou a lidar com nossos sonhos e vontades, nos ensinou que podemos, sim, querer ter, por exemplo, o melhor *smartphone*, o melhor tênis, a melhor roupa etc... Mas que, antes de comprar, tínhamos que nos fazer algumas perguntas, como:

– Quero trocar de *smartphone*!
– Mas por que eu quero trocar?
– Eu realmente preciso de um novo?

Tem muita gente que não tem por que trocar, não usa nada do que o outro irá trazer de novidade, em resumo, o novo tem tudo que o dela já traz. A única diferença é ser lançamento, ou seja: não justifica. Mas vamos imaginar que dentre algum novo atributo desse modelo, o lançamento tenha algo que o velho ainda não tenha, e que essa coisa seja justamente o seu porquê para adquiri-lo.

Então, se passou pelo crivo da primeira pergunta vamos para a segunda:

– Caso eu troque, o que eu vou fazer com o novo?

Saber e ter o que fazer com a novidade deve ser primordial para continuar, pois se for só pra ter algo novo no aparelho, mas não usar, aí não justifica.

Mas vamos imaginar que você encontre motivos verdadeiros para seguir, então deve passar pelo crivo da última pergunta, e essa ainda vem com outras duas embutidas:

– Eu tenho condição de trocar isso agora?
– É uma prioridade?
– Vai mudar alguma coisa na minha vida caso eu troque?

Olha, se suas justificativas passarem por todos esses crivos, ótimo, compre seu *smartphone* novo e seja feliz. Agora, se estiver comprando só pra falar que tem o modelo atual, sem ter necessidade real e muito menos condições para tal façanha, deixe isso de lado. Resistir a essas tentações te fará mais forte.

Todo esse aprendizado veio ao descobrir a educação financeira, pois antes dela era compra atrás de compra. A gente entendeu o que era crediário, pagamento em dez vezes e não caiu mais nessa história, endividando-se antes mesmo de conquistar.

Antes era barbeiro trabalhando com máquina ultrapassada e desfilando no morro com *smartphone* lançamento. Era manicure atendendo com material precário, sem fazer cursos de atualização e andando com roupa de grife. Era uma ostentação que, na prática, não condizia com a realidade, não tinha consistência e era literalmente a prática do comer ovo e arrotar presunto.

A educação financeira nos possibilitou corrigir essas coisas, nos fez pensar em organização, em não deixarmos de querer realizar nossos sonhos, mas sim irmos degrau por degrau rumo aos mesmos, sem querer saltar degrau nem a necessidade de viver de aparências.

E aí a coisa tomou dimensões e profissionalismo, e essa gente começou a saber exatamente onde estava cada centavo que entrava, vindo assim outros avanços. De repente, tinha favelado falando em investimentos. Isso mesmo! A rapaziada e a mulherada empreendedora da favela começou a investir e isso era muito prazeroso, pois como disse no capítulo anterior, quase todo mundo ali começou no solavanco, apenas com os recursos básicos, mas foram aprendendo, se organizando e buscando conhecimento, e de repente estava falando em investir. A princípio eram pequenos investimentos, não dá pra falar que era nada que possibilitasse uma mudança de vida extraordinária, mas valia a mudança de hábitos, e dela viriam automaticamente todas as outras. Era aquela gente se vendo como protagonista, sorriso largo no rosto e a certeza de que, sim, eles também podiam. Se os valores em dinheiro ainda eram tímidos, o prazer em fazer aquilo era gigantesco, era visível, era inenarrável, era o começo da possibilidade de uma vida.

Era gente criada em barraco de madeira descobrindo que poderia morar em casa de tijolo. Era estudante de escola pública descobrindo que dava sim para ousar uma faculdade particular, bastava fazer tudo certo na educação financeira e usar o dinheiro a favor de si mesmo, não contra.

Hoje sabemos que ainda há muito o que fazer nesse aspecto. Ainda há várias casas a serem avançadas para que de fato possamos sentir os impactos de tudo isso. Sabemos que ainda temos muita gente na comunidade que também precisa descobrir sobre educação financeira, mas já estamos felizes em ter pessoas mudando sua realidade e aprendendo a lidar com o dinheiro.

Foi assim que enfim descobrimos que a tal educação financeira, que covardemente não nos havia sido apresentada, era a virada de chave que nos faltava e que, por isso, tínhamos que considerar essa descoberta como sendo uma vitória sem precedentes. E se falei em vitória, mais uma vez afirmo que, no que se refere à descoberta da educação financeira, a favela também venceu.

SERÁ QUE O SISTEMA MUDA SE A FAVELA SE LEVANTA E NÃO ABAIXA MAIS A CABEÇA?

A CULTURA DA FAVELA NOS ENSINA: SUCESSO NÃO É O QUE VOCÊ COLHE, É O QUE VOCÊ PLANTA

"Eu só quero é ser feliz! Andar tranquilamente na favela onde eu nasci! E poder me orgulhar e ter a consciência que o pobre tem seu lugar!"

Lembro como se fosse hoje do dia em que o país acordou com dois favelados gritando esses versos. Me arrepiou inteiro até descobrir que a letra da música tinha sido feita por duas crias da CDD, a Cidade de Deus: Mc's Cidinho & Doca. O "Rap da felicidade" se tornaria o hino das favelas e invadiria o asfalto de uma maneira inimaginável. Os autores do rap tinham conseguido um grande feito, e a letra fazia todo mundo cantar, do Leme ao Pontal. O cara bacana no carro importado com som alto e potentes alto-falantes se orgulhava de cantar aquele hino que nascia na favela, e por muito tempo celebramos a vitória.

Por que será que favela não pode ser onde nasce a moda e a referência, onde brota a cultura?

Mas, bem antes desse barulho vindo da CDD, já falávamos de outras formas e em outros espaços. Na música, eram inúmeros os que falavam e cantavam a favela. E, no Rio de Janeiro, o filho de Sebastião e Aida, Angenor de Oliveira, participava de alguns ranchos carnavalescos antes de completar 11 anos de idade. Na época, as cores do rancho eram o verde e o rosa, cores que o inspirariam para mais tarde fundar a Estação Primeira de Mangueira.

Foi ainda cedo que aquele menino começou a entender os acordes do cavaquinho, e assim que mudaram para o Morro da Mangueira, numa região conhecida como Buraco Quente, ele ganhou o apelido de Cartola – que o acompanharia para o resto de sua vida.

Como ele usava um chapéu coco devido a seu trabalho na construção, ficava com aquilo o dia todo na cabeça. Um pouco mais tarde, o menino Cartola viu a mãe falecer e seu pai partir, deixando-o sozinho. Foi aí que ele encontrou a boemia, o samba, e Dona Deolinda, uma senhora casada que morava no barraco ao lado, por quem se apaixonou. A paixão na favela também é arrebatadora, e logo Deolinda largou o marido e passou a dividir o barraco com o jovem Cartola.

Aos 18 anos, aquele menino ia se juntar a outros bambas e fundar a escola de samba mais famosa do Brasil. A proposta dele era juntar todos os blocos do morro em torno de uma só escola. E os sambistas, que não eram bobos nem nada, toparam a brincadeira.

Foi a partir daí que ele se tornou grande compositor, até se tornar uma figura mitológica do samba brasileiro e ser escolhido como o Cidadão Samba. Como a vida deu muitas voltas, ele perdeu a esposa, saiu do morro com outra mulher e retornou anos depois com a famosa Dona Zica, e então voltou à ativa no samba enquanto Dona Zica vendia suas marmitas, já que era cozinheira de mão-cheia.

Quem o conheceu fala até hoje de como seu coração era bom, sua solidariedade, seu desprendimento em relação aos bens materiais, e apesar de ser um dos maiores compositores brasileiros que já existiram, ele sorria com humildade e recebia todo mundo em sua casa a qualquer hora do dia.

Cartola foi muito além, percebeu que no caso específico do Morro de Mangueira não tinha escola de samba, que o morador dali tinha que sair pra ver algo do tipo, e foi aí que ele se juntou a outros bambas e de repente soltaram um daqueles "e se..." que eu comentei lá no início. Foi ali que disseram: "E se a gente criasse a nossa própria escola de samba?". É claro que na sequência veio o receio de alguns, e foi automático surgir alguns "será?". "Mas será que uma escola aqui na Mangueira vai dar certo?" E foi ali que nessa batalha entre o "e se" e o "será" venceu o "e se", e eis que surgiu, dentro de uma favela na Zona Norte do Rio de Janeiro, a Estação Primeira de Mangueira, escola que se tornaria uma das mais vitoriosas de todos os tempos e também uma das mais conhecidas em todo o mundo.

Hoje, o povo de Mangueira tem muito a agradecer ao Mestre Cartola e àquele grupo de amigos que tomaram a iniciativa. Era a favela sendo voz e se mostrando por meio do samba. Samba esse que revelaria tantos outros talentos oriundos de comunidade. Gente que cantava e contava suas dores e seus amores em ritmo e poesia. Nelson Sargento, Jovelina Pérola Negra, Elza Soares, Dona Ivone Lara, Monarco, Fundo de Quintal, além de espaços como a Pedra do Sal na Praça Mauá, que inclusive foi onde tudo começou, o Cacique de Ramos, o Terreiro de Crioulo e tantos outros.

O samba veio em levas, e um importante ícone dessa gente que veio em uma das levas seguintes foi Bezerra da Silva, que marcou época cantarolando a respeito da favela em vários aspectos. Aos que não sabem, Bezerra da Silva é natural de Recife, mas assim como tantos outros nordestinos, ele saiu em um daqueles paus de arara rumo ao Sudeste e foi nos morros do Rio de Janeiro que encontrou seu propósito. Bezerra não tinha o hábito de compor, apesar de cantar com facilidade e num tom único. Mas, se por um lado não compunha, ele dava voz a verdadeiros hinos, que eram compostos por cidadãos comuns e bem simples da comunidade, que não cantavam mas tinham muita facilidade de escrever sobre o seu seu dia a dia. Essa parceria mostrava a favela trabalhando em equipe pela música.

Quase que na mesma época, surgiu o grupo Originais do Samba, e desse grupo eis que outro Mangueirense vem pra se despontar para o mundo. Refiro-me ao saudoso Mussum da Mangueira, que posteriormente integraria *Os Trapalhões* e passaria a ser um dos favelados mais famosos de sua época.

O samba e o pagode, que como todos sabem é coisa dos morros brasileiros, revelou centenas de nós, tais como Vou Pro Sereno, Grupo Clareou, Ferrugem, Dudu Nobre, Mumuzinho, Jorge Aragão, Vitor Art, Thiago Tomé, os meninos do Art Júnior, Chininha,

Diney, Leandro Sapucahy, Serginho Meriti, Péricles, Suel, Thiago Soares e tantos outros. É preciso pedir licença a todos esses para dar um destaque a Wilson Prateado, que é cria da comunidade do Lins, no Rio de Janeiro, e que hoje é simplesmente um dos maiores produtores de samba e pagode do país, com um dos estúdios mais requisitados desses gêneros, e merecedor de tudo que construiu.

Inclusive, existe no Morro da Mangueira o Museu do Samba, onde logo na porta o visitante já se depara com uma estátua do mestre Cartola, figura essa que é a representação do samba e da vitória da favela. Ele é a prova mais honrosa de que é possível fazer arte e cultura em qualquer lugar, que inspiração nasce em qualquer cabeça, inclusive na favela.

O hip hop foi outro gênero oriundo de comunidades que trouxe à tona verdadeiros poetas como Racionais Mc's, Mv Bill, Emicida, Thaíde & Dj Hum, GOG, Dj Jamaika, Projota.

Lembro-me de lá em Belo Horizonte, quando na década de 1990 havia o BH Canta e Dança, que foi um marco para o hip hop local. Esse movimento, pensado por nomes como o já falecido MC Pelé e vários outros, oportunizou o surgimento de muitas vozes como Retrato Radical, Divisão de Apoio, Black Soul. Também penso que outros ritmos abriram o caminho para o hip hop, gente como Jorge Ben Jor, Ludy Zu, Tony Tornado, Gerson King Combo, Banda Black Rio, Tim Maia e tantos mais.

E olha como são as coisas, eu estou escrevendo sobre este trecho voando do Rio para Salvador para palestrar no estádio da Fonte Nova. Um favelado voando em pleno dia 20 de novembro de 2019, Dia da Consciência Negra, para palestrar em um estádio de Copa do Mundo, favelado este que um dia foi chamado de neguinho, que vendia água em Copacabana e que não podia falar de crise. É de me arrepiar mesmo, pois Cidinho e Doca já nos ensinavam lá na década de 1990, por meio do "Rap da felicidade", que o pobre também tinha o seu lugar. E eu fui conquistar o meu. Deus realmente não dorme.

Fiz questão de abordar o sucesso cultural das favelas para facilitar o entendimento de uma das perguntas que mais me fazem:

– Rick, pra você o que é o sucesso?

Essa aí uma das maiores incógnitas que muitos precisam desvendar. Saber o que é o sucesso te conduz a uma visão amplamente diferenciada sobre muita coisa. A maioria das pessoas tem o hábito de achar que sucesso é onde eu e esses artistas conseguimos chegar, ou seja, o auge e a glória. Mas o que muitos não entendem é que isso não é sucesso, e sim fruto dele.

Na minha humilde concepção, sucesso não está relacionado com o que você colhe, mas sim com o que você planta e com a maneira de cuidarmos e cultivarmos o que plantamos.

Não há a menor possibilidade de colhermos feijão se plantamos semente de alface, colher soja ao plantar sementes de tomate, bem como não há também a menor possibilidade de plantar vento e colher outra coisa que não seja tempestade.

Essa regra se aplica a absolutamente qualquer coisa. É infalível e tão certa como dois e dois são quatro. Quando entendemos isso, começamos a dar mais valor para o período de plantio e cultivo, pois enfim entendemos que esses são os dois estágios que antecedem a colheita. Logo, podemos concluir que sucesso não é o fruto, e sim a semente. O movimento cultural das comunidades comprova isso claramente isso.

A cantora Iza, que é cria da região de Olaria, na Zona Norte do Rio de Janeiro, certamente enfrentou muitas tempestades que abalaram o plantio, mas ela estava lá cuidando do que plantou, sentindo suas dores e caminhando em direção ao seu sonho. A Iza cantava ainda criança. Ela dançava e atuava cobrando ingresso pelo valor de um real. Anos depois, por volta de 2014, ela decidiu que iria para o YouTube, e ali começou a colher os frutos da sua lavoura rumo ao que hoje todos conhecem. A menina voou e hoje é sucesso mundialmente reconhecido.

Você pega a Larissa, que o mundo hoje conhece como Anitta, cria de Honório Gurgel, filha de uma artesã com um vendedor, e imagina o que ela teve que plantar e cultivar pra colher o sucesso que tem hoje.

A Mc Beyoncé, hoje conhecida como Ludmilla, é cria da Baixada Fluminense. Mermão, dá uma pesquisada aí pra tu saber sobre o caos que é a Baixada. Mas você acha que isso foi obstáculo pra ela? A Ludmilla é dessas que não quer saber se é difícil, ela vai continuar até conseguir.

O Babu Santana, participante do BBB 2020, é cria do Morro do Vidigal. Assim como eu, ele trabalhou na praia, de pedreiro, faxineiro, em barracão de escola de samba, e plantou várias hortas, mas foi a veia cultural que salvou esse cara, pois no projeto "Nós do Morro" foi onde ele acabou sendo notado, e dali despontou rumo ao sucesso. O "Nós do Morro" revelou outros talentos conhecidos, como Jonathan Azevedo, o Sabiá. Esse aí é outro que foi salvo pela cultura, cresceu na Cruzada São Sebastião, e só descobriu que era filho adotivo aos 17 anos, por causa de uma bola que caiu no quintal de uma vizinha. Quando ele foi buscar a bola, a vizinha estava furiosa com a cena e soltou "garoto, tu nem sabe de sua história, nem sabe quem é sua mãe de verdade". Foi aí que ele pirou e descobriu sua verdadeira origem. Mas a cultura veio e hoje ele já fez dezenas de filmes, novelas e peças.

Evelyn Bastos, que hoje é rainha de bateria da Estação Primeira de Mangueira, foi plantando e cultivando desde pequena. Cria da comunidade, ela foi passista da Mangueira e foi plantando até chegar ao posto máximo: recebeu a coroa de majestade maior da bateria. Depois de tudo isso ainda criou o projeto "Sementes de Rainha", porque sabe que o sucesso não é o fruto e, sim, a semente.

O DJ Marlboro, que veio de uma família pobre no Meier, subúrbio do Rio de Janeiro, e que quebrou todas as barreiras que o funk poderia ter, foi um DJ que revelou centenas de músicos, além de ser um dos maiores responsáveis pelo sucesso desse segmento cultural feito na favela.

Vale deixar aqui registrado também a grande quantidade de jogadores de futebol que saíram da favela, da periferia, do subúrbio, para brilhar mundo afora.

Mas de nada adiantaria toda essa gente plantando se não tivesse como tocar, e nisso a favela também contribuiu: inúmeras rádios piratas iam brotando nas comunidades Brasil afora. Infelizmente muitas dessas eram fechadas rapidamente, pois eram rádios que não tinham uma autorização legal para funcionar (a famosa concessão).

Só que de Belo Horizonte veio uma revolução no que tange a voz via ondas sonoras quando o Misael criou a Rádio Favela dentro de uma comunidade no alto da serra. Esse cara foi persistindo contra quase tudo e, lutou durante anos para defender o que plantou, até colher o direito de ter uma concessão legal. Ou seja, era a favela vencendo a luta e passando a ter de fato voz de favelado pra favelado.

A Rádio Favela, hoje Rádio Autêntica 106,7 Favela FM, é sem dúvida um espaço de resistência cultural e social de tantos gêneros vindo das favelas. Misael é um cara que dispensa comentários, e que comprova que mesmo que o mundo lhe diga "não" o tempo todo, você deve insistir, persistir, lutar, seguir e jamais deixar de plantar e cultivar o que quer.

Todos os casos acima são de gente de favela, gente que optou por fazer cultura, que plantou e cultivou durante anos, alguns décadas, até chegar ao sucesso. Gente que comprova que sucesso não é o que se colhe, é o que se planta. Contestar isso seria como insistir em ter uma visão distorcida sobre algo simples, mas ao mesmo tempo difícil de ser interpretado.

O brasileiro foi induzido a olhar apenas para o resultado, e fazendo isso torna-se impossível entendê-lo. Seria como querer ler a primeira página de um livro e depois saltar direto para a última página, não funcionaria. Ou você lê o livro todo ou jamais conseguirá interpretá-lo.

Quando surgiu o lendário vídeo da água, muitos tentaram entender como alguém aparece "do nada" propondo uma fórmula simples e aplicável, contendo início meio e fim, ensinamentos cabíveis em inúmeras situações, em um vídeo sem cortes ou edição de apenas 58 segundos.

E minha resposta é bem simples:

Eu não apareci "do nada". Eu estava em minha incubadora me preparando, me moldando. Não para fazer isso bombar, pois eu nunca parei em casa e disse pra mim mesmo algo do tipo: "Um dia eu ainda vou fazer um vídeo, ele vai bombar e as coisas vão melhorar...". Eu nunca pensei ou quis aquilo, mas existe um fator primordial, que foi estar pronto para fazer se necessário fosse. Essa foi a máxima daquela situação, e esse também é um dos clássicos motivos que levam tantas pessoas a ficar pelo caminho, não estão prontos e não estão sequer em fase de preparação.

Quando desvendei a máxima de que o sucesso não está no fruto, mas sim na semente, entendi que dar certo não estava relacionado com ter mais condição na largada, mas sim em ir identificando os percalços e aprendendo a saná-los durante o percurso.

Comprovo isso por meio de minha própria história, pois a caminhada me mostrou que não sou exceção da regra, mas sim um que se levantou para materializar que cada ser humano é a regra que ele quiser.

Eu cresci vendo armadilhas sendo colocadas no caminho de muita gente, mas depois entendi que nós também criamos algumas armadilhas e que por isso, pra muitos de nós, o caminho fica muito mais difícil. Somos peritos em dar murro em ponta de faca, assistindo à vida passar diante de nós sem identificar que muita coisa poderia ser feita, às vezes coisas simples, fáceis, possíveis, óbvias, mas que quando estamos alienados não conseguimos perceber.

Logo cai a ficha, não existem super-homens.

É como dizem os Racionais Mc's: "Entrei pelo seu rádio, tomei, cê nem viu". E o favelado entrou pelos mesmos espaços que as outras classes entraram na favela, pelas TVs, ondas dos rádios, sons de carros e depois pelos *smartphones* e pela internet. É real. A favela está aí se mostrando, falando de problemas, mas falando também de solução, propondo alternativas, pedindo respeito. E a galera da quebrada já deixou claro que não vai parar de falar, não vai parar de mostrar, não vai parar de escrever...

Sucesso é o que se planta. O fruto é apenas o resultado dos processos que o antecederam. E se o favelado conseguir optar pela arte e pela cultura, plantar e cultivar até colher, eu posso te afirmar que nesse aspecto a favela também venceu.

ARTE E CULTURA SE FAZEM EM QUALQUER LUGAR, E INSPIRAÇÃO NASCE EM QUALQUER CABEÇA, INCLUSIVE NA FAVELA.

MULHER, MÃE E EMPREENDEDORA: A VERDADEIRA HEROÍNA

Muita gente me pergunta: "Rick, quem é o verdadeiro herói do Brasil?".

Pra mim, o Brasil não tem herói, mas tem heroína. E eu não estou falando de muitas, mas sim de milhares. Mas para você entender quem é a mulher da qual estou falando e identificá-la no seu ciclo de relacionamento, já te digo: ela não tá na capa da revista, nem na direção da empresa, mas ela tá levando o país nas costas.

O nome dela pode ser Maria, Beatriz, Clarice, Janaína. Ela acorda cedo, antes do dia clarear. Essa mulher tenta fazer a marmita, arrumar as coisas das crianças, fazer café da manhã, apressar os meninos pra escola, levar todo mundo pra estudar e sair pra trabalhar. Pega duas conduções lotadas, chega no prédio de rico pela entrada de serviço, vai no banheiro de empregada, troca de roupa e veste o uniforme. Ela lava, passa, cozinha, esfrega privada e faz o que for preciso até o final do dia.

Às vezes cuida do filho dos outros. E o patrão e a patroa não ligam se ela vai sair às cinco da tarde ou sete da noite. Querem que ela fique ali, esgotada, até derramar a última gota de suor.

Ela sai, cansada, já vestida com a roupa que volta pra casa. Pega o ônibus à noite na rua escura, sofre assédio, escuta bobagem, mas vai pra casa da vizinha buscar as crianças que ficaram lá até ela chegar. Essa mulher chega em casa, prepara a janta e dá banho nos meninos, coloca eles pra dormir, limpa a casa e vai lavar roupa porque não tem máquina de lavar.

Essa mulher vai tomar banho quase meia-noite e cai exausta, para fechar os olhos e levantar algumas horas depois com o corpo moído pro dia seguinte. Não tem tempo de ver o caderno do filho, mas penteia o cabelo do outro. Sabe que está com febre ou resfriada, mas precisa ir trabalhar porque se não for a diária não tá paga e a comida das crianças é ela quem garante. O ex-marido ela nem viu mais. Saiu de casa depois de mais uma noite de bebedeira.

É essa mulher que acorda cedo, dorme tarde, faz o possível e o impossível pra dar valor pra criança que carregou no ventre. Ela que é melhor que qualquer escola, porque ela ensina o filho a não baixar a cabeça pra ninguém, mostra que tem que ser forte, abraça, beija e diz que não tem tempo pra sofrer, porque nem ficar doente ela pode.

Muita gente não tem a menor noção da vida dessas heroínas do dia a dia. É esse tipo de heroína que faz a vida acontecer, que faz comida, limpa janela, cria filho, traz dinheiro pra casa e não pode fechar a cara porque o patrão reclama que tá de mau humor.

Se ela trabalha numa loja, por exemplo, e o dono pergunta por que chegou atrasada, ela lembra do tiroteio que teve no bairro, mas fica quieta. Não quer que ele pense que ela mora perto de bandido.

Se perde tudo na enchente, tem que se levantar e ir trabalhar no dia seguinte, senão é mandada embora.

Não tem dia útil pra ir ao posto de saúde ver a ferida no pé do menino que machucou e infeccionou. Ela não tem pra onde fugir. Dia e noite é a pessoa que tem que se manter viva e de pé pra criar os filhos que foram abandonados pelo pai. Ela precisa dar a educação que sabe que nenhuma escola pode dar. É ela quem ensina os valores, quem diz o que é preciso fazer pra não ficar pra trás na vida. Ela ensina dignidade com o filho no colo. Às vezes derrama uma lágrima.

Sua indignação fica ali guardada porque ela sabe que precisa aguentar certa dose de humilhação, mas é essa mulher que bate na mesa quando vê que o desrespeito ultrapassou o limite que um ser humano pode suportar. Essa mulher que um dia decide parar de engolir o choro e falar o que sente, contar em voz alta que não é desse jeito que se trata uma pessoa.

Essa mulher que levanta a favela, que faz as pessoas perceberem que elas têm voz, que não podem passar por humilhação a vida inteira, que é preciso saber que quem abaixa demais mostra a bunda.

Ela é amorosa, não deixa faltar nada pros filhos nem pro filho da patroa. Porque nasceu generosa e generosa sempre será.

Ela ensina a amar, a não discriminar, a ser um adulto decente e sabe que o resto o moleque pega no Google. Sabe que a escola vai ensinar até certo ponto, mas é ela quem vai educar, vai dar valor, vai ensinar a ser gente.

Ela convive com os iguais, pede que todo mundo tenha dignidade. Reza baixinho na crença dela e pede proteção pra ter saúde. É só o que ela precisa pra poder trabalhar.

A favela tem a heroína que empodera os filhos e olha de onde ela sai pra fazer isso. Muitas vezes viu o pai das crianças baleado no chão e ficou abraçada com a cria. Ela viu o filho crescer e não deixou de lutar, não teve tempo de raciocinar nada. Teve que partir pra luta. Ela não teve tempo de sentir dor e lamentar. O tempo dela é a vida. Essa falta de tempo de raciocínio faz ela virar uma onça, uma leoa, ela faz a coisa acontecer. Ela é o limite.

Essa mulher geralmente empodera o filho, como a minha mãe fez comigo. E esse menino cresce e se torna a voz que também é ouvida, porque nunca deixou de escutar sua mãe. Eu fui um menino criado por pais que foram os símbolos da vitória na minha vida. Pais que nunca me deixaram faltar o que era mais importante: carinho, amor e atenção. Podia faltar carne na mesa, mas não faltava abraço. Podia faltar dinheiro, mas sempre tinha um "eu te amo", sempre tinha uma voz contando uma história à noite, uma bronca, um chá de coragem, um empurrão poderoso que me fazia persistir mesmo quando tudo parecia o fim.

Ao longo da minha vida, eu me deparei com muita gente vitoriosa, mas foram essas mulheres, as mães de periferia, que em sua grande maioria são negras, pobres e criam os filhos sozinhas, que me mostraram o que era amor de verdade, o que era ter raça, sangue nas veias, o que era ter mais que fé, o que era ter uma certeza indiscutível de que ia dar um jeito de conseguir chegar ao fim do dia e trazer comida pro filho, que sorri quando tá com fome, mas sabe que tem uma linha tênue entre o sacrifício pela cria e a humilhação.

Essa mulherada entende bem disso, porque quando se vê acuada ou humilhada, ou quando a corda arrebenta pro lado dela, ela mostra os dentes, feito uma leoa, e diz o porquê de estar ali fazendo o que faz. Ela chora de raiva e fala com emoção sobre os filhos que a fazem se mover até o inferno se preciso. Eu nunca vi nada mais forte e poderoso do que a fé de uma mãe dessas, que sai cedo e volta tarde, que chora no banho pra suportar a raiva e pedir a Deus que dê forças para ela ter só mais um dia. E, de dia em dia, ela vai até a escola, conversa com a professora do filho, ouve o lamento da vizinha, chega no trabalho e enxuga a lágrima da patroa que acha que tem problema pra resolver, mas não consegue enxergar aquele ser humano diante dela.

Às vezes eu penso que a gente deveria colocar as pessoas em lugares diferentes para que elas entendessem o que é dificuldade, o que é sofrimento, o que é dor de verdade, pra dar pequenos choques de realidade pro povo que não entende o que é um "corre" de favela. Um dia dessas mulheres que transformam a própria carne em alimento, se preciso, e fazem sempre com dignidade. Fazem o que for preciso, dentro dos valores, das suas convicções.

Uma vez conheci uma mulher chamada Berenice. A Berê tinha dois meninos. O pai deles, alcoólatra, batia nela de vez em quando ao chegar em casa. Então, às sextas-feiras ela pegava os meninos e ia pra casa de alguma vizinha porque sabia que ele ia chegar alterado e ia sobrar pra todo mundo. A Berê protegeu os meninos enquanto pôde, mas certo dia ele espancou o mais novo depois de uma discussão que ela não sabia como tinha começado. Aquilo foi o basta. Tinha medo de morrer nas mãos dele, mas tinha certeza de que não ia mais aguentar aquela condição. Saiu de casa com a roupa do corpo e foi numa outra comunidade, onde encontrou uma colega que abrigou a família dela até que conseguisse seu próprio barraco.

A Berê fazia trança em cabelo de manhã e também sabia fazer unha. Ela começou a descolorir cabelo, cortar, inventar moda. Ela trabalhou em salão da periferia e decidiu que ia ter a própria cartilha a seguir. Fez clientela, abriu sua portinha, conseguiu alugar seu espacinho, colocar dignidade e comida na mesa, de cabeça erguida e com fé.

Um dia, ela soube que o pai das crianças tinha morrido atropelado. Fez o sinal de Pai-Nosso e disse "já foi tarde". Não tinha raiva, mas sabia que a vida trazia sua própria justiça. Berê achou uma pessoa bacana, casou-se de novo, virou a dona de salão que o povo mais gostava. E hoje os filhos dela batem no peito e dizem com a boca cheia de orgulho que nunca viram ninguém mais forte que a mãe. Porque a força dela não estava na porrada. Jamais precisou gritar com os filhos pra ser respeitada. A força dela estava no coração, na bondade, na garra, na fé. Estava na certeza de que o sofrimento não ia durar para sempre, mas que ela precisava se ajudar e parar de tolerar violência, parar de se sujeitar a tanta coisa. Porque ela podia ser quem ela estava destinada a ser: a grande heroína dos filhos.

Dessa Berê e de tantas outras eu só tenho a dizer: em cada casa onde existe uma mãe sozinha, tem uma história a ser contada de uma mulher que superou o inimaginável. Elas não estão sozinhas. Elas são invencíveis. São rainhas sem coroas, porque elas não precisam ser coroadas, elas não lutam por isso, mas sim para provar que por mais difícil que seja, elas vão seguir. Mães solo, mulheres de maioria negras faveladas, e que comprovam fazendo, o que é, de fato, uma favela vencedora.

QUANDO DESVENDEI A MÁXIMA DE QUE O SUCESSO NÃO ESTÁ NO FRUTO, MAS SIM NA SEMENTE, ENTENDI QUE DAR CERTO NÃO ESTAVA RELACIONADO COM TER MAIS CONDIÇÃO NA LARGADA, MAS SIM COM IR IDENTIFICANDO OS PERCALÇOS E APRENDENDO A SANÁ-LOS DURANTE O PERCURSO.

O GRITO DOS INVISÍVEIS

Eu ainda me lembro de quando trabalhava como pedreiro e precisava ter "o dia do sumiço". "O dia do sumiço" era o quando o patrão ia avaliar a obra. Ele não queria ver ninguém lá. Não queria ver funcionário. Queria ver tudo construído, mas não queria cruzar com quem estava construindo.

Eu ainda não sabia, mas estava acostumado a ser invisível.

Só que essa sensação ficou mais forte quando comecei a vender água na praia. Via alguns conhecidos se escondendo de mim quando me viam passar, porque não queriam pagar mico de conhecer vendedor de água. Não queriam que os amigos soubessem que eles conheciam gente humilde, e então faziam de conta que eu era invisível.

Esse invisível tá por todos os lados e você não o vê.

Esse invisível é o gari que recolhe seu lixo, o funcionário do seu condomínio que limpa o corredor por onde você passa, mas com quem você não quer cruzar, e quando cruza não cumprimenta.

Um invisível constrói uma casa e outro invisível vai limpar. E mesmo que eu tenha sido esse cara invisível, a sorte é que fui criado por um pai e uma mãe que não queriam que eu visse nada de ruim, mesmo sendo mal tratado.

A turma invisível que limpa banheiro tem uma história pra contar. Esse cara sabe do valor que tem, mesmo quando fingem que ele não tá ali. Ele tem pena do proprietário da loja onde ele trabalha, que valoriza mais o dinheiro no caixa do que o cliente, que coloca o funcionário pra baixo, mas se dobra pro dono da loja do lado, como se pessoas fossem diferentes e precisassem de tratamentos diferentes conforme a cor, a classe social, o CEP e o extrato bancário.

Os invisíveis só tomam pedrada. Quando são vistos é pra tomar pedrada. Ninguém lembra do garçom até cair o copo de café no chão.

As pessoas que limpam não são notadas. O patrão quer o vidro limpo, mas não quer a pessoa limpando o vidro. E essa turma em sua maioria ou é da favela ou é do entorno da favela. Que usa o banheiro diferente, o espaço diferente, tem que se esconder.

O que mais me entristece é que estamos em 2020 e esse tratamento é normalizado.

— Mas por que você tá dizendo isso, Rick? Não é o cara que prega empreendedorismo?

Sim, esse sou eu. Que prega motivação, empreendedorismo, que fala pra geral se movimentar, tirar a bunda do sofá e partir pra ação.

Só que eu entendo que, sendo esse grito, vindo de onde vim, tenho a obrigação moral e cívica de transmitir o que meu povo passa. Você, que emprega, não pode ficar indiferente a isso. Você, que passa por isso, não pode mais engolir esse tratamento.

Todos nós temos que olhar para isso para haver mudança, porque não é justo um pai passar isso pro filho e essa situação dos invisíveis só piorar. Não é justo tanta Dona Berenice fazendo comida na casa de rico, e madame olhando com nojo pro tipo de roupa que ela usa.

Se quer crescer, cresça em valores. Pode crescer em dinheiro também. Pode ganhar fortuna, pode sair da crise, correr, fazer coisa que te faz maior, movimentar a renda, empregar gente. Mas faz isso com dignidade. Faz que nem o cara da favela que contrata o irmão na parceria. Não olha de cima, como se fosse dono da alma do outro, olha de igual pra igual, entende que todo mundo é de carne e osso, que ninguém é melhor que ninguém porque anda de carro importado ou tem mais dinheiro no banco.

Esse cara que faz o outro ficar invisível ou se sentir invisível é bem menor do que parece, porque se ele não tivesse dinheiro, não teria ninguém por perto. Não sabe construir vínculo, não sabe falar bom dia, dar abraço. Só sabe contar hora trabalhada e dinheiro. Não sabe onde anda o filho, a esposa, a mãe, os irmãos, mas quer estar on-line pra ostentar nas redes.

Esse cara tá vivendo num condomínio de luxo, mas está isolado. Porque ele não consegue construir valor. Tem carro importado, mas só sabe preço. Não sabe o valor de uma pessoa, de uma companhia. E a favela dá aula disso.

Na casa dele, tudo tem preço, mas na do favelado tem valor. Se sua casa tá isolada de tudo, você não dá bom dia pra ninguém porque não tem nem pra quem dar bom dia, e não pode falar "oi" pro funcionário porque ele é invisível, tem coisa errada aí.

Na favela a gente não distingue. Não deixa de olhar pro outro.

É das comunidades que à noite saem voluntários que nem condições têm, mas sabem que o que tem é o suficiente para dividir.

Aí, na madrugada, chega uma sopa pro pobre que mora na rua, pela manhã, um café, uma roupa e, é claro, as orações, rezas e outras tantas maneiras de com fé demonstrar àquela gente que os únicos que de fato se aliam são os iguais, são os chamados favelados.

Esses dias, cheguei em São Paulo e parei debaixo de um viaduto onde mora uma galera. Essa galera estava comendo pão e tomando café que era distribuído por um cara de comunidade, que nem tinha tanta condição assim, mas que fazia aquilo pra dar dignidade e visibilidade pros invisíveis. Porque se o favelado é invisível, o irmão que mora debaixo do viaduto é mais ainda. O carro só não passa por cima dele pra não sujar. Ele acelera e fecha o vidro, com medo de olhar, de cheirar, e isso deixa o morador de rua ainda mais invisível.

Que tempos são esses que a gente tem que dizer pro ser humano que não dá pra ignorar a pessoa que tá dormindo na rua? Que essa gente não é lixo?

Conheço muitos que foram desistindo por causa de humilhações, que cansaram de enxugar lágrimas dia após dia, que não tiveram controle emocional para seguir a luta, que foram vencidos por pessoas que se orgulham em se colocar na condição de superior e se não bastasse isso, ainda pensam que essa superioridade lhe dá o direito de humilhar os que ele julga estar abaixo.

Eu jamais vou ter vergonha de ver que na minha carteira de trabalho tem assinaturas de auxiliar de serviços gerais, servente de pedreiro, pedreiro, limpador de vidros, apontador de obras, dentre outras. Eu fazia tudo aquilo de cabeça erguida, e isso pode ser facilmente comprovado pelos tantos que em suas respectivas épocas trabalhavam comigo. Eu era feliz fazendo aquilo tudo e estava mentalmente preparado para suportar, pois vinha do berço firme de Velho Roxo e Dona Neguinha, mas o que dizer para aquele que não teve pais como os meus que ensinaram que não importa o que digam, devemos ter a cabeça erguida? Infelizmente, nem todos tiveram esse privilégio de ter uma família, que apesar de poucas condições, se preocupasse com a mentalidade de seus filhos. E é aí que essa gente graúda, ao perceber essa ausência de controle emocional, aproveita e monta nas costas de milhares, tratando de maneira desprezível ou apenas ignorando-os, deixando pra eles apenas a frustração da invisibilidade.

Por tudo isso eu preciso deixar aqui registrado que é necessário repensar com urgência a forma de tratamento que vem sendo dado à toda essa gente, pois uma vez não tratado, o mal vai sendo repassado de pai para filho, tornando-se hereditário e eterno.

E por fim, eu não poderia terminar este capítulo de outra maneira que não fosse deixando aqui o meu depoimento de orgulho a toda essa gente que inclusive vem de lugares iguais ou semelhantes ao que fui criado. Como o gari, o garçom, a faxineira, o servente de pedreiro, o borracheiro, o motoboy, o limpador de vidros, o auxiliar de serviços gerais, o jardineiro, o pintor, o motorista, o montador de andaimes, a galera dos bastidores dos eventos que carregam caixas, que montam toda a estrutura, os auxiliares de produção, o brigadista, a babá, e tantos outros.

Sei que o fardo de vocês está superpesado, pois além do peso das obrigações diárias, existe o peso da humilhação, mas eu preciso lhes fazer um pedido: sigam firmes, não joguem a toalha, não abandonem os campos de batalha, pois só há duas coisas que levam qualquer ser humano a alcançar a vitória em qualquer área. A primeira delas é nunca desistir, e a segunda é nunca se esquecer da primeira. O restante será apenas uma consequência desses dois fatores.

Sintam-se todos representados e abraçados por minha pessoa. Vocês representam a classe que precisa ser vista, mas que mesmo sem isso ter acontecido, acordam todos os dias nas favelas, nas periferias e subúrbios Brasil afora e vão à luta com dignidade. Eternizo aqui a importância desses que com carinho chamo de meu povo, e que junto a mim comprovam que a favela venceu.

TODO MUNDO CARREGA SEUS FARDOS, MAS A QUESTÃO É NÃO FINGIR QUE ELE NÃO EXISTE. E ISSO NÃO CABE APENAS PARA O FAVELADO.

QUE FARDO É ESSE?

Quando eu vendia água em Copacabana, a vida me ensinou muito. Meu dia a dia, andando pelas areias, debaixo daquele sol escaldante, me fez entender que sempre que eu carregava aqueles fardos de água, eu sabia exatamente o peso que tinha nas costas.

Só que nem sempre a gente consegue carregar um fardo pesado, e nessas horas é bom você olhar para o fardo com toda a sinceridade possível, porque se você não parar nesse momento, você vai ser esmagado.

Se seu fardo parece muito pesado, abre a caixa de isopor. Você vai encarar aquele fardo, o peso dele, e entender em primeiro lugar se aquele fardo é seu.

– Como assim, Rick?

Pega essa visão: o ser humano tem mania de mentir para si mesmo. Já percebeu que quando o cara tá na merda e você pergunta se está tudo bem com ele, ele diz que sim. Às vezes nem reconhece para ele próprio que não está bem, mas finge que está. Outras, está nítido que o cara não está bem, mas ele quer esconder aquilo das pessoas.

E tem um terceiro caso, da pessoa que é corajosa o suficiente pra admitir que o fardo está pesado, que carregar tá machucando o ombro, que tá dolorido. Essa pessoa abre a caixa e olha pro fardo. Ela descreve o fardo dela. E cada uma pode escolher o fardo que está carregando. Tem gente que sabe que a caixa de isopor está lotada. Lotada de contas, de problemas de saúde, entre outras coisas.

A primeira coisa que é necessária é aceitar. Aceite o que é preciso fazer. Quem aceita entende e reconhece a dor mais rápido. Dessa forma, consegue encontrar a solução, entender o que dói e como dói, pra buscar a cura, o tratamento ou algo que possa aliviar aquela dor.

No caso de uma pessoa mentir para si mesma e esconder o fardo dos outros, as coisas ficam mais difíceis porque o sofrimento se multiplica. É o caso das pessoas que fingem que sempre estão bem sabendo que não estão. Porque o mundo vendeu a elas uma história de que tinham que estar sempre fortes, e isso fez com que elas deixassem de viver.

Essas pessoas arrastam uma bola de ferro por onde vão e mentem para si mesmas. Elas estão com a vida extremamente complicada e correm para as redes sociais para postar uma foto como se estivessem bem, só pra ficar bem com a galera, e é aí que começa a destruição delas, uma guerra silenciosa e invisível, que vai destruindo por dentro.

Eu já vi pessoas adoecendo seriamente porque estavam mentindo para si mesmas. Gente que ficava o dia todo selecionando frase da internet pra postar para os outros, fazendo a linha motivacional, enquanto estava rasgada por dentro.

Vamos ser sinceros? Se não está tudo bem, você tem que aceitar esse fardo. Cortar essa corrente de uma vez por todas e deixar essa bola de ferro que está presa no seu pé e impede você de caminhar.

O favelado sabe que tem sempre a mesma condição, e isso é aceitar o fardo que se tem. Ele olha para o fardo, lida com ele, identificando seu tamanho e trabalha pra se desprender dele.

Todo mundo carrega seus fardos, mas a questão é não fingir que ele não existe. E isso não cabe apenas para o favelado. É algo que vai desde os mais pobres até o mais relevante dos seres humanos. Até a rainha da Inglaterra sabe o peso da coroa que ela usa.

Tenho um conhecido que alugou o barraco da mãe dele para outra pessoa. Depois de uns meses viu que o cara estava melhor que ele e ficou ali tentando entender qual era a lógica. A lógica, mermão, é que ele entendeu o corre que tinha que fazer para lidar com aquele fardo. A lógica é que ele fez das tripas coração para pagar o aluguel e conseguiu avançar apesar de tudo.

– Como assim ele está maior que eu?

Porque quando ele viu que tinha o aluguel pra pagar, identificou o tamanho do fardo e se movimentou pra fazer aquilo acontecer. Isso é olhar pro fardo. Medir o fardo. Pesar o fardo. É olhar para o tamanho da sua conta, para o que você pode ou não pagar. Isso é ser sincero com você mesmo.

Quando você percebe o fardo que pode carregar, você evolui, você caminha, você consegue entender quanto pode andar e quanto precisa descansar, e sabe até onde pode ir, sem superdimensionar o seu tamanho e a sua capacidade, sabendo até que pode ir mais longe, porque o fardo é daquele tamanho e não do tamanho imaginário.

Depois que você identifica que tem o fardo, tem que ver o que levou a chegar nessas proporções, porque você vê que não é um fator isolado. É uma quantidade de coisas que somadas se tornaram um fardo. Aí você entende as causas e raízes daquilo tudo e vê que você foi acumulando o peso das coisas e aceitando. Você começa a se dar conta de que muito daquele fardo nem é seu. Com o tempo vai entender que outras pessoas pegaram os pequenos fardos e colocaram nos seus ombros com sua permissão. Você permitiu que elas fizessem aquilo. Permitiu nas suas atitudes, nos seus gestos, na sua omissão. Você foi permitindo que elas fossem deixando pedaços que elas não conseguiam carregar porque viam que você dava conta do seu e do delas também.

Só que é hora de dar um basta nisso tudo. Tem que cortar na carne, tem que olhar para o fardo que não é seu e deixar ele de lado, porque você não precisa carregar aquilo tudo. É pesado demais. E então você entende que se você andar com fortes eles vão te ajudar a carregar, mas se andar com fracos, eles vão jogar o fardo deles em cima de você, prejudicando o seu desempenho.

É preciso olhar o tempo todo quem tá te impedindo de caminhar, porque quando você está cercado de pessoas com mentalidades e posturas fracas, frequentando ambientes em que as pessoas estejam te colocando pra baixo ou jogando o fardo delas nos seus ombros, é hora de dar um basta. Por mais que você seja forte, você se enfraquece.

Imagine se quando eu era vendedor de água começasse o meu expediente e um outro vendedor pedisse para eu levar três garrafinhas até o Posto 9, um outro, mais cinco para o Posto 10, e um terceiro, mais sete. A minha caixa de isopor, que já era pesada, ia ficar ainda mais pesada, só que quando eu menos percebesse, não ia conseguir carregar aquele peso todo de uma carga que não era minha.

Anote uma coisa que eu vou te dizer: a vida nunca vai colocar sobre suas costas um fardo maior do que você pode carregar, mas você tem que ser perito para não deixar colocarem fardo maior que você aguenta.

Quando você tiver com um fardo pesado demais sem conseguir carregar, certamente é porque ele não é todo seu. Pode estar certo de que se seu fardo está pesado demais, tem gente aí ao seu redor comendo em seu prato, bebendo em seu copo e por trás de você rindo de sua cara por estar te jogando fardos e mais fardos com o seu involuntário consentimento.

Porque muita gente percebe a sua boa vontade em ajudar e abusa disso, colocando todo o peso nas suas costas pra você levar pra elas, mas em determinado momento isso te impede de avançar.

Tem uma situação que acontece muito na favela, mas que certamente se aplica a vários lugares: Você tá descendo o beco com a Bíblia rumo à igreja e quando está passando em frente a um bar vê um conhecido, e diz: "Fulano, estou indo para a igreja, vamos?". E esse responde: "Beltrano, outro dia eu vou, hoje estou tomando uma aqui com os amigos, mas ó, ora por mim lá!". Você diz que ora e encontra outro, convida para ir com você, e ele também pede que você ore por ele. Depois de fazer seu caminho e cruzar com dez conhecidos, nenhum quis te acompanhar, mas todos te pediram orações em suas intenções. Você chega na igreja com seu coração bom e faz os pedidos de todos eles, e na hora do amém final percebe que não teve tempo de fazer o seu. Você não levou a sua gratidão, seus problemas, suas intenções, seus pedidos, só carregou os dos outros.

Aprenda e aceite essa lição. A salvação é individual, intransferível, quem quiser que tente se salvar. Não estou dizendo pra ser rígido a ponto de deixar de pensar no outro, mas estou te alertando que muitos jamais irão parar para fazer uma oração se você viver orando por eles. Isso tudo são fardos que passamos a carregar involuntariamente, achando que estamos abafando, quando na verdade estamos esquecendo de nós mesmos em prol de pessoas que já sabem que tem você pra fazer o que cabe a elas.

E a oração foi apenas um exemplo, mas poderia ser qualquer outro exemplo, isso é cabível em milhares de situações. Tome muito cuidado, porque se você não abrir o olho esse relato pode ser o que vai acontecer com a sua vida. Isso se você ao ler essa parte não tiver aquela sensação de que foi escrito exatamente para você.

Todo mundo tem seu fardo. A gente é capaz de carregar o nosso, de ir adiante com o nosso, de se desfazer do nosso, mas não dá pra passar a vida carregando o do outro. Entenda isso e lute, pois quem está te dando esse toque viveu na pele e sofreu até identificar e se libertar de fardos alheios.

Carregar apenas o seu próprio fardo é vitória não só na favela, mas em qualquer lugar.

O POVO BRASILEIRO DÁ AULA DO QUE É VENCER. VENCE NA ATITUDE, NA GARRA, NA ALEGRIA, NA VONTADE DE VIVER, NO AMOR, NO SAMBA.

A NOSSA VITÓRIA E O EXEMPLO QUE DEIXAMOS

Este livro traz um contexto de vitória. Um subúrbio vitorioso, mas se você tiver um olhar clínico vai entender que a ampla maioria das vitórias relatadas aqui, dinheiro nenhum pode comprar. Nem dólar, nem euro, nem qualquer nota que o mundo faça parecer que tem muito valor.

A autoestima independente da condição financeira, a superação, o levantar depois das quedas, o estar pronto, o aprender a ser grato, todas essas coisas o dinheiro não vai poder comprar. E a mais valiosa delas, a que nenhuma nota pode ser dada em troca é algo que quem tem, tem. Quem não tem, não sabe o valor que tem. Eu tô falando do amor.

E quando eu falo de amor, preciso reverenciar aqueles que mais fizeram com que eu entendesse o que era isso de verdade. O que era colocar o outro acima de si mesmo, entendendo que parceria e companheirismo em uma união é o maior sucesso que um ser humano pode ter. Quando se ama, quando se está junto, quando mesmo que tudo pareça querer destruir, aquele amor persiste, mas ainda existe resistência. Eu só posso estar falando dos meus pais. Eles que me ensinaram que amor é algo indestrutível, que tempestade nenhuma pode levar.

Foram eles, esse casal que não por acaso leva o nome de José e Maria (Velho Roxo e Dona Neguinha), que me fez entender que o mundo pode até acabar, mas se você tem amor dentro do seu coração, se tem uma pessoa que faz render esse amor, nada vai te destruir. É esse amor deles que me fez ter fé na vida, que me fez ser inabalável. Que me fez entender que nada nem ninguém pode ferir ou macular um coração aquecido com esse sentimento poderoso, tão necessário nos dias de hoje.

Isso é um capricho de Deus, porque a minha mãe, na cirurgia de 1985, depois de ficar com um bisturi na cabeça, em decorrência disso e dos cinco AVCs que ela teve, uma das grandes sequelas foi o fato de ela não controlar as suas necessidades fisiológicas.

Só que meu pai mostrou sua força quando chamou os filhos e disse:

– Quando conheci a mãe de vocês, ela era uma jovem linda e saudável, desejada por muitos naquela época. Ali, ela podia facilmente escolher com quem queria se casar e ela me escolheu. Pois bem, nos casamos, e desse relacionamento vieram todos vocês. Mas quis Deus que todas essas complicações de saúde a atingissem e tudo isso fez com que ela fosse perdendo muito em virtude do derrame.

– E dessa vez sou eu que escolho ficar ao lado da mãe de vocês e cuidar dela enquanto Deus nos permitir a vida. Eu jamais vou ter vergonha de estar com ela e, principalmente, mesmo tendo hoje essa casa enorme com todos esses quartos vazios, eu jamais vou deitar em outra cama que não seja a que a mãe de vocês está deitada. Pois se deitamos juntos quando ela era novinha, se deitamos juntos quando projetamos todos vocês, se passamos tanto tempo juntos, eu não acho justo com ela o fato de não estarmos no mesmo lugar agora. Não me importo de ter que me levantar à noite para trocar a roupa dela, trocar o lençol que molhou, ou nada do tipo. E estou contando isso para todos os filhos e netos para que vocês saibam que essa é a maior das vitórias, a vitória do amor de José e Maria, um amor que suportou o tempo, a dor, a doença, as dificuldades... Um amor digno da promessa feita no matrimônio, que diz: até que a morte nos separe.

Ouvir essa lição do cara que me deu a vida foi entender que eu era sim privilegiado. E o tipo de privilégio do qual eu falo é o privilégio de ser filho de um cara de valor. De um pedreiro que cursou apenas até a quarta série, mas que mantém uma proximidade incrível com Cristo, uma fé inabalável que o fez gabaritar na faculdade da vida.

Hoje o que vemos são relacionamentos que terminam por muito menos que isso. Basta uns quilos a mais, uma estria, uma celulite, ou pintar alguém mais novo, alguém que se encaixe nos padrões de beleza que foram criados e pronto, fim do relacionamento. Hoje muitos relacionamentos não suportam a dor da dificuldade. Pessoas te abandonam só porque naquele momento você está por baixo. Pessoas se vão e ainda riem da sua cara por você estar no chão. Pessoas que não estão dispostas a passar pela dor ao seu lado ou lhe ajudar a se levantar. As pessoas só querem ficar juntas se for na bonança, na alegria, na balada. Isso não é amor, isso é interesse, puramente interesse, nada mais que interesse.

Enquanto isso, meu pai segue dando aula, levando minha mãe para todos os lugares a que eles sempre foram e, ao se deparar com pessoas olhando diferente pra ela, ele apenas remete o seu pensamento a Deus e ora por essas pessoas pobres de alma, dizendo: "Deus, perdoe-os, eles não sabem o que fazem".

Isso é a prova de amor que esse cara, que tenho orgulho de chamar de pai, deixa para a humanidade.

Amar independentemente do corpo, da condição financeira, da saúde, da cor da pele.

O meu pai deixa essa lição para o mundo, pois esse cara passou uma vida nos falando sobre a importância de identificarmos nossos principais dons e lapidarmos isso durante toda a vida. Talvez nosso pai nem perceba, mas o principal dom dele é o de cuidar, amar, ser exemplo e tratar os outros da maneira que gostaria de ser tratado. Meu pai deixa claro pro mundo que foi um ótimo aluno na faculdade da vida, o que fez dele um ótimo professor, que hoje se orgulha em formar outros tantos para que amanhã possam repassar aos seus.

E eu quero que você saiba que vencer na vida é isto: reverenciar o simples, que nem esse cara fez a vida toda. Foi vivendo um dia depois do outro que essa família de José e Maria, de Velho Roxo e Dona

Neguinha, de cinco neguinhos do cabelo amarelo e de hoje treze netos e dois bisnetos, se criou e me enche de orgulho. Uma família mentalmente preparada para suportar e seguir, independentemente da circunstância. Uma família que passou a vida se mudando em busca de dias melhores. Uma família que, seja em cidade pequena ou grande, em bairro carente, em periferia, em subúrbio, em favela, sempre lutou junta, superou unida as dificuldades e que hoje tem gestores de obra, enfermeira, empreendedores, pedreiros, sonhadores. Uma família que se orgulha das nossas raízes, que se orgulha de Velho Roxo e Dona Neguinha e que hoje, por intermédio deste que vos fala, o menino Tuca, o filho do meio, o Rick Chesther que agora o mundo conhece, grita com muita alegria e verdade no coração que somos prova viva do que este livro traz em todo o seu contexto.

O grito de "a favela venceu", e é o grito de um povo que não foge da luta. Do povo que cansou de ser oprimido, que sabe sambar na cara da crise e viver e vencer mesmo quando está diante das piores condições.

O povo brasileiro dá aula do que é vencer. Vence na atitude, na garra, na alegria, na vontade de viver, no amor, no samba. Vence porque acorda cedo, porque dá a vida pelos seus. A favela vence todo dia quando a gente vê um gesto de amor que ultrapassa fronteiras, quando a gente vê alguém resistindo à dor, quando o amor dá conta de driblar a dificuldade.

O que é vencer pra você? Será que é correr que nem rato atrás de lucro e dinheiro? É perder tempo de vida pensando em comprar algo novo em vez de abraçar seu filho? É comprar carro novo em vez andar de mão dada com quem você ama na rua? O que é a favela vencer? Favela vence quando dá aula, quando o povo se reúne pra mostrar que tem fé, força e coragem pra seguir adiante, mesmo que o mundo pareça desabar sobre a cabeça.

A favela venceu quando deu seu recado, quando o morro, mesmo com neguinho passando fome, abraça uma causa. Quando a pindaíba vem depois do terremoto, mas a gente preserva o sorriso no rosto, sabendo que dias melhores virão. Não porque eles nos serão dados, mas porque a gente não tem medo da luta, porque cresce na dor, porque sabe que dificuldade nos faz mais forte. E o que não mata, fortalece.

Favela vence todo dia quando alguém entende que cor e condição social não dizem quem é você. Quando seu crachá não diz nada sobre você ser melhor que seu vizinho.

Favela vence quando a gente consegue publicar este livro e ser ouvido por tanta gente. Quando Rick Chesther da Silva, aquele cara que era vendedor de água em Copacabana, decide se reinventar e aceita o desafio de ser palestrante e escritor, ser inspiração pra quem tá catando latinha e pra quem tá fundando empresa.

Favela vence quando você consegue enxergar isto: a favela não é um lugar, é um movimento. Ser favela é ser raiz, é ser fiel aos seus princípios, aos seus amigos, à sua família. Ser favela é ser aquele que constrói e não aquele que atira pedra. Ser favela é ser aquele que não desiste, que chora, mas que deixa a lágrima irrigar o coração pra dar mais força.

Ser favela é ser vencedor da hora que acorda até a hora que vai dormir, porque favela sabe que o dia "só acaba quando termina". E se vence um dia de cada vez, porque nenhuma vitória de hoje garante o dia de amanhã.

Se quiser vencer que nem a favela, entenda que só vale reclamar da dificuldade quando a barriga do seu filho estiver roncando de fome. E mesmo assim, pra isso também pode ter um jeito, que é encontrar outro favela solidário que te ajude a preencher aquele estômago vazio. Porque um favela nunca tá sozinho. Ele sempre encontra gente generosa pelo caminho e não resolve tudo com dinheiro, resolve porque tem tanto amigo disposto a dar a mão pra ele e estar ao lado mesmo no perrengue, que ele sai da merda e se recupera rapidinho.

A favela vencer deve ser um hino para todos os seus dias. Um hino de vitória, daqueles que te fazem levantar de manhã, agradecer pelo que tem, entender que vai rolar desafio, mas que você vai ser indestrutível. Vai perder, vai ganhar, vai perder e ganhar ao mesmo tempo, mas vai vencer a si mesmo. Vai vencer.

A favela vence. Vence e venceu. E vai vencer sempre.

SOU FORMADO EM SUPERAÇÃO PELA FACULDADE DA VIDA E SOU PÓS-GRADUADO EM ME LEVANTAR TODAS AS VEZES EM QUE EU FOR JOGADO AO CHÃO.

VIVER É DESENHAR SEM BORRACHA.

DUAS COISAS TÊM
O PODER DE
CONDUZIR QUALQUER
SER HUMANO
A ALCANÇAR SEUS
OBJETIVOS NA VIDA:
A PRIMEIRA:
JAMAIS PENSAR
EM DESISTIR.
A SEGUNDA: JAMAIS
SE ESQUECER DA
PRIMEIRA.

AGRADECIMENTOS

Ao poderoso Deus, rei dos reis e justo juiz, por exatamente tudo.

Mas, principalmente, pelos momentos de dificuldades, pelas quedas, pelas dores, pelas decepções...

Penso eu que o Senhor usou Sua precisão cirurgicamente divina para me apresentar às sinucas de bico da vida, e através delas me fazer entender que, quando estamos sob sua orientação, conseguimos extrair o que há de bom em cada situação aparentemente ruim. Costumo dizer que sou grato até pelos desencontros, pois sei que todos tiveram a permissão de Deus.

E a maior das bênçãos que recebi veio desses desencontros, e essa bênção eu chamo de fé. Foi através da fé que aprendi a não desistir e considero que todas as minhas vitórias vieram desse fator.

Eu apenas não desisti, o restante foi consequência disso.

Se veio disso, é porque veio da fé, e se veio da fé, veio de Deus.

Feliz a nação cujo Deus é o Senhor.

Gratidão a Deus. A Ele, toda a honra e toda a glória, hoje e sempre, amém.

#afavelavenceu
#deusnãodorme

Reimpressão, março 2022

Fontes ANISETTE, SILVA
Papel ALTA ALVURA 90 g/m²
Impressão IMPRENSA DA FÉ